Datensicherheitsleitfaden für Thüringer Verwaltungen und Unternehmen

von

Wojciech Lisiewicz

Professor für Wirtschaftsrecht
an der Hochschule Schmalkalden

in Kooperation mit der erdaxo UG
Schmalkalden

Verlag Rockstuhl

Impressum

Herausgeber: Hochschule Schmalkalden, Blechhammer 9, D-98574 Schmalkalden

Umschlaggestaltung: Harald Rockstuhl
Titelbild: Qarlos Qastilla / Spanien – Lizenz: Stock-Fotografie-ID 2237491307

1. Auflage 2026

ISBN 978-3-95966-812-5

Der Autor Dr. iur. Wojciech Lisiewicz ist im Verzeichnis der
Deutschen Nationalbibliothek mit der GND-Nr. 130846635
sowie im internationalen Register für Autorinnen und Autoren mit der
International Standard Name Identifier (ISNI)-Nr. 0000 0001 0967 0287

Repro, Satz und Grafiken im Buch: Wojciech Lisiewicz

Druck und Bindearbeiten erfolgen in Deutschland.

Gedruckt auf alterungsbeständigem Papier nach ISO 9706.

Die Deutsche Nationalbibliothek verzeichnet diese Publikation
in der Deutschen Nationalbibliografie.
Detaillierte bibliografische Daten sind im Internet über
https://portal.dnb.de abrufbar.

Verlag Rockstuhl
www.verlag-rockstuhl.de

Verlag Rockstuhl, Inhaber: Harald Rockstuhl
Mitglied des Börsenvereins des Deutschen Buchhandels e.V.
Lange Brüdergasse 12 in D-99947 Bad Langensalza/Thüringen
Telefon: 03603 / 81 22 46, E-Mail: verlag-rockstuhl@web.de
www.verlag-rockstuhl@web.de. | https://d-nb.info/gnd/1064213219

Inhalt

A. Vorbemerkung

Mit diesem Leitfaden wollen wir **kleine und mittlere Unternehmen sowie Verwaltungen in Thüringen unterstützen, Bedrohungen durch Daten-GAUs *) wirksam zu begegnen**. Er zeigt auf praktikable Art und Weise, wie Gefahren erkannt, reduziert und abgewehrt werden können. Das Ziel ist klar: Arbeitsfähigkeit sichern, Daten schützen, Vertrauen bewahren, Resilienz erhöhen. Unsere Erfahrung zeigt auch: dies kann mit Steigerung der digitalen Souveränität einhergehen – und diese ist heute wichtiger denn je...
Zugleich bleibt für uns die Umsetzbarkeit der Vorschläge für die betroffenen Organisationen im Fokus. Was nützt eine Maßnahme, wenn sie für ein kleines Unternehmen in Thüringen nicht bezahlbar ist? Oder in einer kommunalen Verwaltung nicht möglich? Wir schlagen in unserem Leitfaden deshalb nur Maßnahmen vor, die leicht umsetzbar sind, ohne zu viele Ressourcen zu binden. Wer diesen Leitfaden liest, erhält keine abstrakten Theorien, sondern konkrete Hilfestellungen, die den Unterschied machen können.
Jede investierte Minute in vorbeugende Maßnahmen spart im Ernstfall Tage oder Wochen von Stillstand und hohe Kosten. Nutzen Sie diesen Leitfaden, um Ihr Unternehmen oder Ihre Verwaltung widerstandsfähiger zu machen – für mehr Sicherheit, Stabilität und Zukunftsfähigkeit. Und falls Sie nicht wissen, wie Sie am besten starten: fragen Sie uns – als öffentliche Einrichtung helfen wir im Rahmen unserer Forschungstätigkeit unverbindlich gern!
Lassen Sie uns gemeinsam die Wirtschaft und Verwaltung in unserer Region stärken sowie die **Digitalisierung für das Wohl der Menschen sinnvoll und sicher gestalten**!

Wichtig

Es ist uns bewußt, dass dieser Leitfaden nur der Anfang einer längeren Reise sein kann – einer Reise auf einem Pfad der Digitalisierung in Thüringen. Deshalb müssen wir sowohl diesen Leitfaden wie auch unsere Empfehlungen stets überprüfen, verifizieren, optimieren. Insofern freuen wir uns auf das Feedback unserer Leser, auf jede Kritik oder auf alle Vorschläge, mit denen wir die Qualität des Leitfadens steigern können.
Zögern Sie also nicht und nehmen Sie Kontakt mit uns auf, wenn Sie uns etwas mitteilen wollen:

w.lisiewicz@hs-sm.de

*) GAU = größtes anzunehmendes Unglück

B. Überblick über das Thema und den Leitfaden

Das Thema **Datensicherheit** ist größer als dieser Leitfaden. Deshalb wollen wir – bevor wir loslegen – unsere Empfehlungen in einen größeren Kontext stellen. Zuerst wollen wir darauf hinweisen, welche Regeln Experten für ein vollständiges Sicherheitsmanagementsystem nennen (Punkt 1). Anschließend zeigen wir Ihnen, worauf wir uns bei unserem Leitfaden konzentrieren (Punkt 2). Danach zeigen wir Ihnen, wie unser Leitfaden aufgebaut ist (Punkt 3) sowie wie man damit am besten arbeiten sollte, je nachdem, welche Ziele man verfolgt (Punkt 4).

In diesem Abschnitt

Wie funktioniert Daten- und IT-Sicherheit grundsätzlich?

Worauf liegt unser Fokus?

Wie ist dieser Leitfaden aufgebaut und wie ist er am besten zu lesen?

I. Umgang mit Datensicherheit allgemein

Sicherheit jeglicher, computergestützter Datenverarbeitungssysteme wird in Fachkreisen stets auf mehreren Ebenen betrachtet. Einen ausführlicheren Überblick finden Sie zum Beispiel in einem unserer online-Artikel [1]. An dieser Stelle sollten wir die allgemein anerkannten, notwendigen Vorgaben des sog. *security engineering* [2] zumindest kurz auflisten. Ihre EDV sowie Ihre Daten sind demnach nur dann sicher, wenn Sie:

- den Betrieb Ihrer Systeme und die gesamte digitale Datenverarbeitung hinreichend **rechtlich abgesichert** haben,
- die Aufgaben im Kontext der EDV und Datenverarbeitung klar geregelt und transparent verteilt – also für eine **geordnete und sinnvolle Organisation** gesorgt haben,
- über **qualifiziertes Personal** verfügen und dessen Qualifikation auch fördern,
- Ihre übrige **Infrastruktur** (Gebäude, Grundstücke, Infrastruktur – z. B. Stromversorgung) in die Betrachtung der IT-Sicherheit einbezogen haben,
- letztlich möglichst sichere **Technik** – also Hardware und Software – ausgewählt haben und diese fachkundig betreiben.

Das wäre der Idealfall...

II. Unser Fokus

In unserem Leitfaden berücksichtigen wir diese allgemeinen Regeln, aber wir wollen deutlich **konkreter sein** und **im praktischen Kontext** zeigen, was zu tun ist. Ferner wollen wir unbedingt die **Erfahrungen von Verwaltungen und**

Unternehmen in unserer Region sowie unsere eigenen Beobachtungen berücksichtigen. Daraus leiten wir diejenigen Empfehlungen ab, die **am dringendsten** sind und nehmen Rücksicht auf Kosten und Aufwand – deshalb schlagen wir zuerst das vor, was **leicht umsetzbar** ist. So hoffen wir, die Sicherheit zugänglicher bzw. verständlicher zu machen und Akzeptanz für dieses wichtige Anliegen zu stärken.

III. Inhalt des Leitfadens

Aus den obigen Vorbemerkungen folgend haben wir diesen Leitfaden wie folgt aufgebaut:

- obwohl wir zur Vorbereitung **umfangreiche Analysen und Umfragen** durchgeführt haben, stellen wir diese im Leitfaden **nur kurz** vor und erst nach unseren wichtigsten Empfehlungen, um diese Hilfestellung für Unternehmen und Verwaltungen möglichst kompakt zu halten,
- in diesem Leitfaden beschränken wir uns grundsätzlich **auf die unseres Erachtens wichtigsten und dringendsten Maßnahmen**, die wir empfehlen und beschreiben – das bedeutet aber nicht, dass andere Maßnahmen nicht sinnvoll oder empfehlenswert sind;
- denn: wie der Leser bereits bemerkt haben dürfte, **verweisen wir** an vielen Stellen auf ausführlichere Darstellungen in anderen Ressourcen, damit der interessierte Leser die Aussagen in diesem Leitfaden vertiefen und seine Expertise erweitern kann,
- das heißt, dass dieser Leitfaden nicht als die einzige und vollständige Quelle für Datensicherheit und Prävention von Daten-GAUs betrachtet werden darf! Er soll **erste Orientierung geben: Was ist erfahrungsgemäß dringend, wichtig, was kann bzw. soll schnell getan werden**, um sicher mit der EDV zu arbeiten – auch dann, wenn umfassende Ressourcen in der Verwaltung oder im Unternehmen fehlen.

Falls Sie merken, dass der vorliegende Leitfaden viele konkrete technische Hinweise enthält, dann liegt das daran, dass wir im Bereich von **Hardware und Software die größten, dringendsten Defizite** im Hinblick auf die Sicherheit beobachten und diese Defizite auf Unwissen und fehlende Kenntnis der technischen Möglichkeiten zurückzuführen sind. Die Herausforderungen aus den rechtlichen, organisatorischen oder personellen Bereichen sollten allerdings niemals auf die leichte Schulter genommen oder gar vernachlässigt werden. Deshalb weisen wir bereits an dieser Stelle ausdrücklich darauf hin: belassen Sie es nicht bei den von uns an erster Stelle genannten technischen Maßnahmen. Die übrigen Vorkehrungen – insbesondere **rechtlichen und organisatorischen** – sind nicht minder wichtig, also vergessen Sie sie nicht.

IV. Wie nutze ich diesen Leitfaden am besten?

Unseren Leitfaden können Sie in verschiedener Art und Weise nutzen. Wenn Sie es bis hierher geschafft haben, haben Sie nun die Wahl:

- wenn Sie wirklich **gut und detailliert informiert sein wollen**, können Sie diesen Leitfaden als Einstieg nutzen, den darin verlinkten oder zitierten Quellen folgen und sich so ein umfassendes Wissen zu Datensicherheit erarbeiten; der Leitfaden ist in diesem Fall nur der Beginn einer längeren Reise;
- wenn Sie wenig Zeit und **sehr begrenzte Ressourcen haben** aber möglichst schnell herausfinden wollen, **was am dringendsten ist** und wie es **möglichst schnell erledigt** werden kann, dann können Sie zunächst einmal mit den **Empfehlungen** (siehe Punkt C.IV. ab Seite 11) starten und versuchen, sie schlicht umzusetzen;
- denken Sie dabei daran, was oben unter "**unser Fokus**" gesagt wurde: die erstgenannten Maßnahmen sind die dringendsten und einfachsten – bevor Sie diese umgesetzt haben, lohnt es sich möglicherweise nur bedingt, mit den nächsten anzufangen; jedenfalls werden Sie mit den erstgenannten Maßnahmen trotz geringerem Aufwand mehr erreichen, als mit den später genannten.

Wenn Sie verstehen wollen, woher unsere Empfehlungen kommen, können Sie dafür das Kapitel **Gründe, Analysen** (Punkt D.I. ab Seite 19) nutzen – hier versuchen wir, unsere Analysen, die zur Formulierung der Empfehlungen führten, zu erläutern; dort finden Sie auch zahlreiche Verweise auf weiterführendes Material zum Thema - Darstellung bekannter Datenpannen, ihre Detailanalysen, Dokumente von Behörden und Experten.

Für diejenigen von Ihnen, die auch den Gesamtkontext und unseren kritischen Blick auf aktuelle Lage der Digitalisierung kennenlernen wollen, haben wir auch das letzte Kapitel **strukturelle Überlegungen** (Punkt D.III. ab Seite 44) verfasst, in dem Sie erfahren können, was die - aus unserer Sicht - verbesserungswürdigen Bereiche der IT-Industrie und größten Defizite beim Einsatz der IT in Verwaltungen und Unternehmen sind; aus diesen Überlegungen - sozusagen auf der "Meta-Ebene" – kann man gute Schlüsse für die Verbesserung der eingesetzten Infrastrukturen allgemein ziehen - deshalb wollten wir Ihnen diese nicht vorenthalten; da sie ganz zum Schluss stehen, werden mit ihnen die ungeduldigen Leser, die schnelle Hilfe suchen, nicht aufgehalten...

C. Empfehlungen

In diesem Abschnitt

Was bezwecken wir mit unseren Empfehlungen?

Welche Sofortmaßnahmen werden allgemein von jedem empfohlen?

Kann ich Daten-GAUs vermeiden?

Welche konkreten Empfehlungen haben wir?

I. Zielsetzung

Damit die Arbeit mit diesem Leitfaden einfach ist, wollen wir seinen zentralen Abschnitt nicht überfrachten. Deshalb sammeln wir hier die aus unserer Sicht wichtigsten Empfehlungen in Form einer Liste von konkreten Maßnahmen oder Maßnahmenbündeln, die auch eine klare Reihenfolge haben – damit wollen wir Ihnen auch die **Priorität der Maßnahmen** zeigen:

- wenn etwas dringend und wichtig ist, sollten wir es zuerst angehen, also nennen wir es zuerst,
- wenn Dinge gleich dringend sind, dann sollten wir diejenigen zuerst in Angriff nehmen, die sich mit geringerem Aufwand umsetzen lassen – auch das spiegelt sich in der Reihenfolge unserer Liste wider.

Eigentlich gelten für Thüringer Verwaltungen und Unternehmen die gleichen Regeln, wie dies nach den allgemein bekannten, bewährten Regeln des *security engineering* propagiert wird. Wir werben deshalb dafür, diese Regeln zu lernen und zu praktizieren. Da wir aber wissen, dass diese Regeln sehr komplex sein können, wollen wir Ihnen mit diesem Leitfaden auch einen Pfad mit gewissen "Abkürzungen" vorstellen, mit dem Sie zumindest den Großteil der Ziele erreichen können, wenn Sie nicht alles 1:1 umsetzen, was Fachleute fordern. Kurz gesprochen: Das Leben ist nicht perfekt, aber manche Fehler sollte man wirklich nicht machen. Wie man die wichtigsten meiden kann, sollten Sie hier erfahren.

II. Sofortmaßnahmen

Im Leitfaden haben wir die dringendsten Empfehlungen gesammelt. Dabei **setzen wir allerdings einige Dinge voraus**. Unsere Empfehlungen sind wie folgt zu verstehen:

- sie bauen auf üblichen, selbstverständlichen Sicherheitsvorkehrungen auf;
- deshalb gehen wir auf die absoluten *basics* nicht genau ein; **man muss sie dennoch beachten**!

Kurz

Unsere Empfehlungen setzen einige *basics* voraus. Sie dürfen sie auch nicht vergessen!

Diese bewährten, von anderen Experten ebenfalls empfohlenen Maßnahmen, nennen wir kurz unter der Bezeichnung *Sofortmaßnahmen*.

Im Hinblick auf diese *basics*, also absolut grundlegende Dinge in Bezug auf die Sicherheit der EDV, gehen wir davon aus, dass sie mittlerweile bekannt sind. Wir haben sie in unseren Empfehlungen weder übersehen noch vergessen. Wir listen sie hier vollständigkeitshalber auf – unter der Überschrift *Sofortmaßnahmen*. Teilweise überschneiden sie sich mit manchen unserer Empfehlungen, teilweise sind sie so selbstverständlich, dass wir sie nicht mehr erwähnen. Sie sind aber allgemein anerkannt und sind schlicht zu beachten. Denken Sie also auch daran, was in der Fachwelt für zwingend erachtet wird – noch bevor Sie sich mit unseren Empfehlungen befassen:

- **verwenden Sie sichere Passwörter und – wenn möglich – eine Zwei-Faktor-Authentifizierung (2FA);**
- **installieren Sie aktuelle Virenschutz- und Sicherheitssoftware (zumindest unter MS Windows);**
- **legen Sie fest, wer im Notfall zu kontaktieren ist und dokumentieren Sie die Abläufe,**
- **sorgen Sie für grundlegendes IT-Wissen bei Ihren Mitarbeitern (Schulungen?).**

Sofern Sie diese Regeln befolgen, können Sie einen Schritt weiter gehen – mit unseren Empfehlungen.

III. Loslegen - mit richtiger Einstellung!

Ein Punkt wird im Kontext von verschiedensten Daten-GAUs sehr häufig völlig falsch wahrgenommen bzw. wird Betroffenen durch falsche Berater eingeredet. **Darin sehen wir eines der Kernprobleme**. Es ist die Frage, inwiefern ein Cyberangriff oder ein sonstiger Daten-GAU oder zumindest dessen schwerwiegende Folgen **vermeidbar** sind. Sowohl IT-Dienstleister wie auch IT-Mitarbeiter aber auch Strafverfolgungsbehörden, die zu einem Zwischenfall gerufen werden, stehen häufig ratlos da und wiederholen mantraartig, dass man dagegen kaum etwas machen könne. Insbesondere bei Ransomware ist erschreckend häufig (allerdings immer schön leise) auch der Rat zu hören "*zahlen Sie das Lösegeld – andere Chance haben Sie nicht...*"

> ## Kurz
>
> Häufiger Fehler ist der Fatalismus: *100-prozentige Sicherheit gibt es eh nicht...* Dies ist eine falsche Einstellung, denn die meisten **Datenpannen sind durchaus vermeidbar.**
>
> Denken Sie daran: Mit richtigen (aber **einfachen**!) Maßnahmen können Sie Risiken und zumindest hohe Schäden erheblich reduzieren!

Mit dieser Einstellung sind wir nicht einverstanden. Zum einen deshalb, weil die Lösegeldzahlung gar keine Garantie dafür ist, dass Daten entschlüsselt werden. Zum anderen konnten wir bereits beobachten, dass man ohne Lösegeld Daten retten konnte.

Das ist aber nicht entscheidend. Viel wichtiger ist der Umstand, dass die **Aussage über Unmöglichkeit des 100-prozentigen Schutzes davon ablenkt, dass bei**

Prävention geschlampt wird. Denn Prävention ist – entgegen häufigen Behauptungen – auf **einfache Weise möglich**! Es gibt also bei IT- und Datensicherheit für alles sehr gut funktionierende Ansätze, die schützen und helfen. Viele sagen also nur **aus reiner Bequemlichkeit**, dass 100-prozentiger Schutz nicht möglich ist. Selbstverständlich werden Cyberkriminelle nicht müde, Angriffe zu versuchen und immer wieder kommt es zu Situationen, in denen alle Sicherungsvorkehrungen an Grenzen stoßen. ABER: die nachstehend genannten Vorkehrungen helfen und sind nicht so aufwändig, wie manche denken!

IV. Empfohlene Schritte im Einzelnen

Folgende Maßnahmen reduzieren die Risiken enorm – und lassen in den meisten Fällen eine Datenpanne ausbleiben:

- ein **kluges, richtiges Datensicherungskonzept**,
- systematische Pflege von IT-Produkten durch **Sicherheitsupdates**,
- ein **Sicherheitskonzept** mit zumindest **grundlegenden Sicherheitsprozessen**,
- **Auswahl von konzeptionell sinnvollen und qualitativ guten Produkten** – also möglichst wenig anfälliger Hardware und Software,
- klare und belastbare Regeln zur **Verantwortung und Haftung** für Mitarbeiter und Dienstleister,
- zwingend Mitarbeiter mit **IT-Kompetenzen** einstellen bzw. an die Organisation binden.

Kurz

Unsere Empfehlungen sind der zentrale Teil des Leitfadens!

Wir bieten Ihnen eine einfache Liste mit sechs Punkten, die Sie leicht umsetzen können. Dabei empfehlen wir auch, die von uns gewählte Reihenfolge einzuhalten.

Die erstgenannten Maßnahmen sind dringender und einfacher, als die später genannten.

Und das wollen wir uns nun genauer anschauen.

Diese Liste steht für konkrete Maßnahmenempfehlungen für Thüringer Verwaltungen und KMUs. Prüfen Sie nicht nur, ob Sie diese Maßnahmen praktizieren, sondern auch, wie dies passiert.
Die dabei gewählte Reihenfolge ist nicht zufällig. Wir beginnen mit den – unserer Meinung nach – dringendsten Maßnahmen und gehen dann zu denjenigen über, die auch wichtig sind, aber durchaus nach Umsetzung der erstgenannten angegangen werden können. Sofern bestimmte Empfehlungen gleich dringend sind (denn manche sind es) nennen wir diejenigen zuerst, die billiger und einfacher umzusetzen sind. Mit dieser Liste hoffen wir, praktisch zu helfen. Bei Fragen melden Sie sich einfach!

1. Backup, aber richtig!

Thüringer Unternehmen haben die Bedeutung von Backups bereits erkannt. Das stellen wir bei Durchsicht der Ergebnisse der Umfrage der IHK fest [3]. **Thüringer Unternehmen geben zu 85 % an, dass sie regelmäßige Datensicherungen vornehmen.** Dennoch ist der häufigste Schaden eines Cyber-Zwischenfalls **der Datenverlust** – das folgt auch aus der o. g. Umfrage. Ist das nicht erstaunlich? Das kennen wir aber durchaus so auch aus der Praxis. Backup war da – im Ernstfall aber (aus welchen Gründen auch immer) unbrauchbar. Dies ist das entscheidende Problem.

Dabei ist ein kluges, richtiges Datensicherungskonzept kostengünstig, zuverlässig und schützt praktisch zu 100 % vor Datenverlust; es schützt nicht vor allen Gefahren – **Datenverlust muss heutzutage aber wirklich nicht sein!**

Selbstverständlich reicht nicht irgendwas. Sie sollten prüfen, ob Ihr Backup-System richtig funktioniert. Ein exzellentes, höchsten Standards entsprechendes System ist aber weder aufwändig noch teuer. Richtige Backups sind auf folgende Weise leicht umzusetzen:

- Sie laufen völlig automatisch und zuverlässig ab, damit sie niemand vergessen kann,
- Sie sind für alle möglichen Angriffs- oder Defekt-Szenarios gerüstet; insbesondere müssen Sie ausschließen, dass z. B. Ransomware auch das Backup selbst verschlüsselt oder löscht! Nicht möglich? Bei vielen Standard-Softwarelösungen, die gar teuer sind, ist es in der Tat schwer umzusetzen – es gibt aber solche, die das billig und gut erledigen!
- Backups müssen in ein Gesamtkonzept eingebettet sein, bei dem man sich darüber im Klaren ist, was wie und wann gesichert wird; Profis setzen zum Beispiel auf Produkte, die all diese Aspekte mit wenigen Handgriffen erledigen: *ZFS-pool – snapshot – replication – off-site-replication* – es geht also!
- Backups müssen auch regelmäßig überprüft werden und ein ebenso regelmäßiger Testlauf für Wiederherstellung ist zwingend.

Hinweis

Sind Ihnen Begriffe wie ZFS, Snapshot, off-site-Backup zu kompliziert?

Wenn Sie möchten, stellen wir Ihnen weiterführende Informationen zur Verfügung, kontaktieren Sie uns! Als Hochschule verkaufen wir keine Produkte – teilen aber gern unser Wissen in der Region...

Möglicherweise sind die o. g. Punkte noch nicht vollständig im Hinblick auf ein "gutes Backup", aber das ist schon mal ein guter Anfang. Ist es kompliziert und teuer? Auf keinen Fall. Sie müssen aber die richtige Lösung nehmen. Lassen Sie sich nicht einreden, dass es sie nicht gibt – sie gibt es! Und viele sind –

zumindest im Hinblick auf die Hardware und Software – praktisch zum Nulltarif umsetzbar!

Mit anderen Worten: **Verlangen Sie von Ihrem EDV-Fachman (ob *inhouse* oder beim Dienstleister) mehrschichtige Absicherungsmodelle, bei denen Datenverlust ausgeschlossen ist; Einbruch ist nicht zu 100 % vermeidbar – eine 100-prozentige Verfügbarkeit und Schutz Ihrer Daten vor Verlust sehr wohl!**

2. Sicherheitslücken systematisch schließen

Egal, was Sie nutzen – die eingesetzten Produkte sind nur dann halbwegs sicher, wenn Sie diese mindestens nach Herstellervorgabe pflegen (es schadet sicher auch nicht, wenn Sie ebenfalls überlegen, ob Sie gute Produkte einsetzen – dazu mehr weiter unten, unter Punkt 4 ab Seite 15). Zum Beispiel Softwarefehler sind sehr häufig (das BSI notierte im Jahre 2023 im Schnitt 68 Sicherheitslücken – **täglich**! [4]). Das Schließen von Sicherheitslücken ist insofern, sobald nur möglich, absolute Pflicht; deshalb raten wir dringend, einen **systematisch und konsequent gepflegten Prozess zum Aufspielen von Updates und Schließen von Sicherheitslücken** in eingesetzten IT-Produkten einzurichten und zu überwachen. Also:

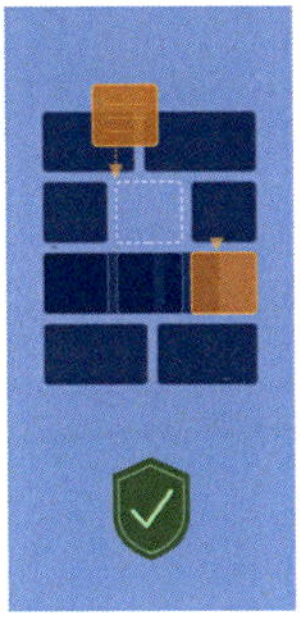

- es reicht nicht aus, wenn Sie feststellen "haben wir schon mal gemacht" oder "machen wir doch ab und zu",
- es ist zwingend, dass Sie einen Prozess dafür einrichten, bei dem sichergestellt ist, dass es regelmäßig und hinreichend oft (wöchentlich?) geschieht.

Die Pflege der eingesetzten IT-Lösungen ist – im Vergleich zu guten Backups – eine etwas aufwändigere aber nicht minder dringende Maßnahme – insbesondere zur Vermeidung von Zwischenfällen. Während ein Backup nur Ihren Datenbestand retten kann, hilft das Schließen von Sicherheitslücken, Datenpannen von vornherein zu vermeiden. Es ist also auch ein probates Mittel gegen Datendiebstahl, Verletzung von Vertraulichkeit und vieles mehr.

Sicherheitslücken sind ein großes Problem, aber sie fallen nicht vom Himmel. In der Regel gibt es frühzeitig Informationen darüber, dass eine solche Lücke aufgetaucht ist. Der Angreifer kann in der Regel erst ab diesem Zeitpunkt an einem Angriff „basteln". Meist ist aber der Hersteller der Software, des Systems schneller – und bietet eine „Reparaturmöglichkeit" (Patch, Update o. ä.) an. Nutzen Sie diese Möglichkeit zum Absichern der Produkte nicht, dann handeln Sie fahrlässig.

Lassen Sie also Ihre Software pflegen, lassen Sie sich diese Pflege durch verantwortliche Personen bestätigen, vereinbaren Sie Sanktionen, wenn dies

nicht geschieht. Das ist wichtig! Wichtiger, als die eine oder andere Zeitersparnis, auch wenn Sie feststellen: "Oh Gott, auch darum müsste ich mich kümmern – dabei habe ich so viele dringenderen Dinge am Hals!".

3. Ein Minimum an Sicherheitsprozessen

Gutes Management und Bewusstsein für Gefahren helfen. Problem dabei: Obwohl man dabei nichts kaufen muss, sind es aufwändige Prozesse. Dennoch plädieren wir dafür, dass jede Verwaltung und jedes Unternehmen zumindest auf minimalem Niveau Sicherheitsmanagement betreibt. Es sprengt den Rahmen dieser Ausarbeitung, detailliert zu beschreiben wie es geht, dies kann aber vielerorts im Detail nachgelesen werden. Eine kurze Einführung in das Sicherheitsmanagement bieten wir auch online an [5].

Sollte für eine professionelle Befassung mit dem Thema gar keine Zeit vorhanden sein, dann sollte die im oben genannten Verweis verlinkten Artikel beschriebene **Vorgehensweise zumindest mal auf einem Blatt Papier durchgegangen und mit Mitarbeitern ab und zu besprochen werden** – das ist wirklich nicht viel und es verändert a) den Blick für wichtige Präventivmaßnahmen enorm und b) stärkt für den Notfall effektiv. Ein Sicherheitskonzept hilft also, Zwischenfälle zu vermeiden. Lässt sich ein solcher Zwischenfall dennoch nicht vermeiden, so ist dessen Bewältigung bei guter Vorbereitung mit einem (auch einfachsten) Sicherheitskonzept deutlich schneller, einfacher und am Ende auch kostengünstiger! Grobe Schäden lassen sich so effektiv vermeiden.

Versuchen Sie es - es muss nicht gleich alles perfekt sein:

- erfassen Sie auf einem Blatt Papier oder Flip-Chart die wichtigsten Elemente Ihrer Systeme,
- überlegen Sie, wo Schäden durch EDV-Zwischenfälle entstehen könnten,
- schreiben Sie, wo für Ihre Systeme Bedrohungen lauern könnten,
- überlegen Sie, wie Ihre Strategie sein könnte,
- erstellen Sie einen simplen Plan, wer was zu tun hat, falls etwas passiert,
- schreiben Sie auf, was Sie insgesamt und wie Sie es tun - gern können Sie vor allem Maßnahmen aus diesem Leitfaden übernehmen - eine kurze Dokumentation dessen, was genau und wie Sie machen, bringt einen Mehrwert!

Mit anderen Worten: **werden Sie präventiv tätig - ergreifen Sie organisatorische und technische Maßnahmen mit dem Gedanken: morgen wird etwas passieren;** wenn Sie es tun, ist ein Daten-GAU danach erheblich weniger wahrscheinlich und im Falle des Falles - weniger schmerzhaft!

4. Bewusste Auswahl von Hard- und Software

Da es für die Datensicherheit nicht zwingend entscheidend ist, welche konkreten Produkte (Hard- und Software) oder Dienstleistungen Sie in Anspruch nehmen, nennen wir diesen Punkt nicht als ersten. Dieser Umstand sollte aber nicht darüber hinwegtäuschen, dass dieses Thema extrem bedeutsam ist. Dies hängt damit zusammen, dass es zahlreiche Korrelationen gibt zwischen Produkten der IT-Industrie und dem empirisch erfahrbaren Niveau an Sicherheit. Das liegt nicht daran, dass die einen Produkte oder Lösungen prinzipiell mehr oder weniger sicher sind als andere. Das liegt an Folgendem:

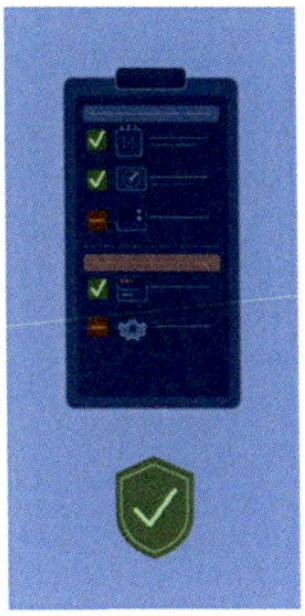

- **Weniger ist mehr**: Produkte, die aus Marketinggründen viele, für Sie aber unnütze, Funktionen und Features enthalten, stellen eine Angriffs- und Ausfallmöglichkeit dar; jede Funktion ist eine potenzielle Sicherheitslücke. Produkte, die nur das tun, was Sie brauchen, sind an sich nicht sicherer – aber aus Sicherheitsgründen stets besser. Vermeiden Sie die „Featuritis" – die ungenutzten Funktionen sind ein Problem und fressen auch noch unnötig Strom. Spezialisierte, schlanke Lösungen bieten konzeptionell mehr Sicherheit und sind insgesamt effizienter.

- **Diversifizieren, trennen**: Häufiger Grund für flächendeckende Ausfälle sind **Monokulturen**. Was aus Kostengründen plausibel erscheint ist plötzlich angesichts von Cyberbedrohungen ein riesiger Nachteil. Wenn jeder die gleiche Software nutzt, lohnt es sich, Schadsoftware für diese Software zu schreiben. Also diversifizieren Sie auch mal mit einem Nischenprodukt. Wenn Sie Ihre IT in kleine Cluster aufteilen, von denen jedes eine Aufgabe erfüllt, und sie voneinander gut abschotten, ist ein Angriff schwieriger. Wenn man das Programm, das der Mitarbeiter am Arbeitsplatz nutzt, wegen seiner Gewohnheiten nicht so leicht auswechseln kann, kann man vielleicht zumindest auf der (für Mitarbeiter kaum sichtbaren) Serverseite eine andere, robustere Lösung einsetzen und so die Arbeitslast auf 2 verschiedene Architekturen verteilen.

- **Nicht jedem Hype hinterher hecheln**: Marketing und Gewinne brauchen immer wieder neue Produkte – Ihr Unternehmen, die Erledigung Ihrer Aufgaben aber möglicherweise nicht! Zudem folgt die Softwareindustrie sehr häufig dem Prinzip, dass der Beta-Test erst beim Kunden passieren soll, da man sonst zu spät am Markt ist. Sehr zum Leidwesen des Kunden – das sollten Sie nicht akzeptieren! Nehmen Sie nicht das Neueste, solange Sie nicht absolut überzeugt sind, dass Sie es **zwingend** brauchen und dass es ausgereift ist. Punkt.

- **Hinterfragen Sie Monopole, wenn sie Ihnen Probleme bereiten**: Falls Sie Software nutzen, die immer wieder Probleme bereitet, kann es sein, dass es dazu Alternativen gibt. Überlegen Sie, ob bei geringfügiger Umstellung ein Abschied von einem Anbieter möglich ist. Denken Sie daran, dass der sog. ***vendor lock in*** [6] häufig gewollt ist – Sie sollen gerade ungeachtet der sinkenden Qualität und steigenden Kosten in der Falle bleiben – während bei etwas Mut deutlich kundenfreundlichere Geschäftsmodelle verfügbar sind.

- **Anfällige Systeme virtualisieren, isolieren**: Falls Software, die für ihre Anfälligkeit bekannt ist, sollten Sie die Systeme und Daten a) isolieren und/oder b) mit einer Sicherheitsschicht auf anderer technischer Basis resilient machen (Beispiel: *Microsoft Windows/Office/Exchange in Geschäftsprozessen schwer ersetzbar? => Installation auf open-source-basierten Dateisystemen, die sich unabhängig von der Microsoft-Architektur um Absicherung/Backup/Wiederherstellung bei Zwischenfall kümmern*). Derartige Lösungen sind millionenfach im Einsatz, haben sich bewährt und kosten nicht viel!

- **Fragen Sie nach Alternativen**: Für viele häufig genutzte/ angebotene IT-Systeme oder Softwarelösungen gibt es immer wieder konzeptionell (in Bezug auf Sicherheit) bessere Varianten. Ein Anbieter, der diese Alternativen nicht kennt oder Ihnen versucht, sie auszureden, ist ein schlechter Anbieter, er denkt nur an sich, an seine Provision, die er gerade von seinem Anbieter bekommt – das sollten Sie nicht akzeptieren! Dabei sind insbesondere sog. Open-Source-Lösungen oft eine gute und sichere(re) Alternative.

Open Source Software (OSS)

An einigen Stellen in unserem Leitfaden erwähnen wir *Open Source Software*. Sie ist nicht *per se*, also automatisch, sicherer oder besser. Sie hat sich aber in vielen Bereichen – insbesondere bei Servern und im Internet – sehr gut bewährt und wird auch von den größten und erfolgreichsten Unternehmen der Welt massiv eingesetzt. In Deutschland wird sie aber im geschäftlichen Umfeld und im Büro nahezu ignoriert.

Das führt dazu, dass viele Mitarbeiter, Unternehmer und Entscheider an diese Software auch dort nicht denken, wo das sehr sinnvoll wäre, wo man das gar zwingend müsste: in sicherheitsrelevanten Server- und Netzwerkinfrastrukturen.

Fragen Sie explizit danach, wenn Sie die darin liegenden Potenziale nicht verschenken wollen! OSS bietet nicht nur finanzielle, sondern vor allem auch qualitative Vorteile, schont Ressourcen und ist schlicht kundenfreundlicher, als kommerzielle Software! Das wissen und erkennen viele nicht, das ist nicht besonders klug...

5. Haftung regeln und durchsetzen

Dieser Punkt ist auf der einen Seite ein schwieriger und – wenn man das so will – ganz böser Punkt. Andererseits liegt er uns sehr am Herzen. In unseren Augen ist dies eines der am meisten vernachlässigten Probleme in der IT-Praxis. Die meisten Kunden der IT-Industrie lassen sich von dem Wissensgefälle zwischen ihnen (Kunden) und den Anbietern blenden und nehmen Missstände hin, als wären Sie "gottgegeben". Das ist aber schlicht falsch. **Für sehr viele Fehler und Zwischenfälle müssten Anbieter bzw. Hersteller haften** – und dies ist nicht ausgeschlossen, wie die uns bekannten Fälle einprägsam zeigen, die in Rechtsstreitigkeiten endeten. Und dennoch wird diese Frage (Wer bezahlt den Schlamassel?) kaum gestellt. Das ist zumindest unsere Erfahrung. Unter den Teppich kehren ist aber nicht die Lösung – Kunden sollten die miserable Qualität und systematischen Mängel niemals akzeptieren.

Also: **Regeln Sie die Verantwortlichkeiten und Haftung im Vorfeld schon, fragen Sie ihren Dienstleister von vornherein, wer es bezahlt, falls was passiert und nehmen Sie solche Klauseln in Ihre Verträge!** Und wenn etwas passiert – **ziehen Sie sie zur Verantwortung!** Es ist nicht nur der Angreifer aus der Ferne für die Angriffsschäden verantwortlich, sondern unter Umständen auch derjenige, der sie nicht verhindert hat.

6. Interne Kompetenz sicherstellen

Viele Verwaltungen und KMU stehen heute vor dem gleichen Problem: Die interne IT ist unterbesetzt – verursacht durch Kostendruck, Fachkräftemangel und die verbreitete Praxis, IT-Aufgaben an externe Dienstleister auszulagern. Doch gerade diese **Auslagerung schafft neue Risiken**. IT ist kein gewöhnliches Produkt, das man einfach einkauft, sondern eine sicherheitskritische Querschnittsfunktion. Fehlt das Know-how im eigenen Haus, entstehen gefährliche Blindstellen: Sicherheitslücken bleiben unentdeckt, Abhängigkeiten wachsen, und im Ernstfall fehlt die Fähigkeit, angemessen zu reagieren.

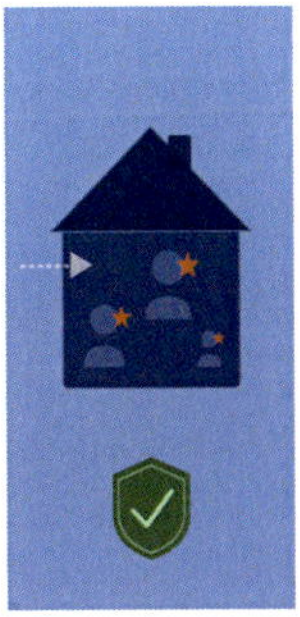

Erfahrungen aus vielen Datenpannen zeigen zudem: Dienstleister setzen erfahrungsgemäß nur das um, was vertraglich zwingend nötig ist – nicht unbedingt das, was für Ihre Sicherheit erforderlich wäre. Bei größeren Zwischenfällen ziehen sich manche zurück, stoßen an Kapazitätsgrenzen oder geraten selbst in Schwierigkeiten. Und unabhängig von Verträgen bleibt eines bestehen: Die Verantwortung gegenüber Kunden, Bürgern und Partnern liegt am Ende immer bei der Organisation selbst.

Deshalb gilt:

- Wenn möglich, sollten IT-Betrieb und IT-Sicherheit im eigenen Haus verankert bleiben
- Ist Outsourcing unvermeidbar, brauchen Sie mindestens:
  - interne Kompetenz zur Kontrolle des Dienstleisters,
  - transparente Strukturen, Verträge mit echten Sicherheits- und Notfallverpflichtungen sowie
  - regelmäßige, penible Überwachung der erbrachten Leistungen.

Denn: für die Fehler des Dienstleisters haften letztlich Sie!

V. Fazit

Zusammenfassend möchten wir unterstreichen, dass sowohl präventiv wie auch reaktiv viele Möglichkeiten bestehen, gegenüber Cybergefahren schadlos zu bestehen. Eine Aufteilung der Maßnahmen in präventive und reaktive macht wenig Sinn, weil die meisten von Ihnen doppelt wirken: sie dienen dazu, den Zwischenfall zu vermeiden und müssen im Vorfeld vorgenommen werden (kluges Backupkonzept, Übung und Vorbereitung, Planung für den Ernstfall); sie helfen aber insbesondere im Ernstfall so richtig – sie schließen also einen Ernstfall nicht immer aus. So oder so: die oben vorgestellte Liste hilft wirklich.
Versuchen Sie, die Empfehlungen umzusetzen.

Und bei Bedarf, bei Fragen oder Wünschen – kontaktieren Sie uns!

D. Einige Gründe und Details

Im Abschnitt mit unseren Empfehlungen haben wir versucht, möglichst kompakt die wichtigsten Überlegungen zusammenzufassen und Ihre Zeit zu schonen. Damit könnten wir den Leitfaden bereits beenden...

In diesem Abschnitt

Warum behandeln wir hier die Ursachen und Folgen der Daten-GAUs?

Was haben wir untersucht und herausgefunden?

Was können wir aus unseren Untersuchungen schließen?

Aber für diejenigen von Ihnen, die unsere Empfehlungen besser verstehen und genauer umsetzen möchten, bieten wir in diesem Teil eine Vertiefung in mehrfacher Hinsicht. Hier versuchen wir, Ihnen nicht nur die empfohlenen Maßnahmen detaillierter zu erläutern (Punkt 2.), sondern vorher die Gründe für diese Maßnahmen zu schildern – weil wir die Ursachen und Folgen von Daten-GAUs sorgfältig untersucht haben und nun sagen können, wie es zu den Problemen kommt und welche Umstände in der Regel zu Schäden führen (Punkt 1.). Am Ende (Punkt 3.) versuchen wir Sie auf einige strukturelle Probleme hinzuweisen, die IT- und Softwareindustrie aus einem etwas ungewohnten Blickwinkel betrachten lassen – und unseren Lesern ermöglichen sollen, sich von tradierten Sicht- und Verhaltensweisen zu lösen. Wir sind überzeugt, dass man dadurch besser mit der EDV durchs (unternehmerische oder behördliche) Leben kommt. Stichworte, wie **Resilienz** und **digitale Souveränität** lassen hier grüßen – sie zu fördern sollte unser aller Ziel sein...

I. Ursachen und Folgen von Daten-GAUs

Das Ziel unserer Arbeit war die Schaffung einer Hilfestellung für Thüringer Unternehmen und Verwaltungen gegen negative Folgen von Datenpannen jeglicher Art. Da wir nicht vorbei am Bedarf arbeiten wollten, haben wir zunächst versucht, festzustellen, was bei Datenpannen die größten Probleme sind. Dabei haben wir uns nicht nur an unseren Erfahrungen orientiert, sondern auch an Aussagen der Thüringer Unternehmen in der Umfrage der IHK [7].

Bei der Untersuchung der Probleme wollten wir einerseits herausfinden, welche Folgen der Daten-GAUs die Betroffenen besonders empfindlich treffen, damit wir wissen, **welche dieser Folgen** wir in erster Linie verhindern sollten. Andererseits war zu klären, **welche Umstände bzw. Ketten von Ereignissen dafür ursächlich sind**, dass es zu diesen Problemen kommt. Denn an diesen Ursachen sollte man mit entsprechenden Vorsorgemaßnahmen ansetzen.

Mit den recht umfangreichen Erkenntnissen über Folgen und Gründe von Daten-GAUs entstand für uns ein einigermaßen vollständiges Bild darüber, welche Probleme die moderne IT den Unternehmen und Verwaltungen bereitet. Dieses Bild möchten wir nachstehend zur Verfügung stellen – vielleicht sind sie für den am Detail interessierten Leser unseres Leitfadens nützlich.

1. Potenzielle Folgen eines IT-Zwischenfalls

Unabhängig davon, ob ein technischer Fehler oder ein – wie auch immer gearteter – Angriff von Cyberkriminellen vorliegt: ein unvorbereitetes Opfer bekommt die Folgen in der Regel empfindlich zu spüren. Zu diesen Folgen gehören im Allgemeinen:

- **Finanzielle Verluste**- durch:
  - Wiederherstellungs- und Aufräummaßnahmen, die meist hohe Kosten verursachen,
  - Entgangene Umsätze wegen Betriebsunterbrechung, die noch empfindlicher sein können,
  - Produktionsausfall wegen kompromittierter / ausgefallener Systeme und Produktionssteuerungen (bei "Industrie 4.0" immer häufiger),
  - Strafzahlungen (z. B. wegen Verletzung von Datenschutzvorschriften),
  - Bei Ransomware-Angriffen sind die Lösegeldzahlungen selbst auch ein mitunter beachtlicher Posten,
- **Reputationsverluste** infolge Vertrauensverlust bei Kunden und Geschäftspartnern (was den Unternehmenswert nachhaltig beeinträchtigen kann),
- **Verlust / Verletzung der Vertraulichkeit sensibler Daten** - bei Datendiebstahl oder Datenlecks können Kunden-, Mitarbeiter- oder sonstige, in der Organisation benötigten Daten verloren gehen oder in die falschen Hände geraten (insb. relevant bei Geschäftsgeheimnissen),
- **rechtliche Konsequenzen** - behördliche Ermittlungen, Klagen wegen Datenschutzverstößen, können Ressourcen der Organisation lange binden,
- **Identitätsdiebstahl** kann ebenfalls die involvierten Einzelpersonen empfindlich treffen,
- **Versorgungsunterbrechungen** und **Gefährdung der öffentlichen Sicherheit** können insbesondere bei Angriffen auf öffentliche Einrichtungen oder Infrastruktur die Folge sein - Stromausfälle, Beeinträchtigung der Wasserversorgung, Verkehrsbeeinträchtigungen, Ausfall von Verwaltungshandeln bis zu Funktionsausfällen in Krankenhäusern mit Gefahr für Leib und Leben,
- sogar **politische und gesellschaftliche Instabilität** ist infolge der oben genannten Angriffe auf öffentliche Infrastruktur nicht auszuschließen.

2. Überblick über Ursachen von Daten-GAUs

Informationen darüber, wie es zu Datenpannen kommt, haben wir – neben eigener Erfahrung aus den von uns durchgeführten Projekten und Einsätzen – aus allgemein zugänglichen Quellen, Analysen und Statistiken bezogen. Dabei stützen wir uns insbesondere auf Auswertungen des BSI, verschiedener Sicherheitsunternehmen sowie auf Medienberichte und versuchen so ein möglichst vollständiges Bild der Lage zu liefern. Kurz gesprochen konnten wir zwei Gruppen von Ursachen identifizieren:

- die steigende Zahl krimineller Angriffe ("Cyberangriffe"),
- technisches Versagen (von Hardware, noch öfter von Software), das teilweise aber durch fehlerhaftes Nutzerverhalten (mit-) verursacht wird.

Lassen Sie uns beide Problemfelder etwas detaillierter vorstellen:

a) Angriff unter Ausnutzung technischer Lücken in der EDV

Die gegenwärtig medial präsenten und am häufigsten genannten Ursachen für größere und bekannt gewordene Zwischenfälle rund um Datensicherheit sind

- **Aktivitäten von Cyberkriminellen**
- unter Ausnutzung von **Fehlern in der eingesetzten Technik, insbesondere in der Software** (Softwarelücken).

Die Zwischenfälle (meist entweder mittels Ransomware, als DoS-Attacken oder Datendiebstahl) erfolgen in der Regel auf folgende Weise (auch wenn sehr viele verschiedene Varianten möglich sind und diese Darstellung lediglich eine grobe Orientierung bieten soll):

- Cyberkriminelle konzipieren ein Angriffsverfahren, bei dem eine **bekannt gewordene Sicherheitslücke in Software zum Zweck eines unbefugten Zugriffs auf EDV-Systeme genutzt wird**; die betroffene Software kann ein Element des Betriebssystems sein (Beispiel: Microsoft RDP) oder eine Software, die für die Kommunikation im Internet genutzt wird (Beispiel: Cisco IPSec-Implementation für VPNs); selbstverständlich sind auch andere Varianten für angegriffene Software möglich.
- Vorzugsweise werden dafür Sicherheitslücken verwendet, die einen **Remote-Zugriff** über Internet ermöglichen - auf diese Weise können Angriffe weltweit, standortunabhängig per Internet durchgeführt werden.
- Darauf aufbauend werden ganze Botnetze oder andere – den Cyberkriminellen meist nicht direkt zuzuordnenden – Computer verwendet, **automatisiert und massenhaft Angriffe auf Geräte durchzuführen**, die über das öffentliche Internet erreichbar sind; die automatisierten Routinen werden jedenfalls dafür verwendet, die vulnerablen Geräte zu finden und meist auch in diese bereits einzudringen.
- Es ist zu bemerken, dass der Zugriff auf nicht abgesicherte Geräte bei der hier beschriebenen Methode so gut wie nie gezielt oder gar

"händisch" erfolgt; Cyberkriminelle haben in der Regel kein Interesse an konkreten Zielen, sondern an einem erfolgreichen Zugriff auf möglichst viele Ziele, die dann zu finanziellen Zwecken erpresst werden können (Verschlüsselung, Datendiebstahl, Betriebsstörung, damit der Betroffene erpresst werden kann); insofern arbeiten die Computer der Angreifer **blind möglichst viele per Internet erreichbare Geräte** ab.

- Je nach Angriffsvariante erfolgt die Kompromittierung der angegriffenen Geräte (bzw. ganzer Netzwerke) automatisiert oder die Angreifer unternehmen bei Information über Zugriffsmöglichkeit manuell den Versuch, in die Geräte / Netzwerke tiefer einzudringen.
- Ist das Eindringen erfolgreich, nehmen Angreifer - automatisiert oder manuell - die angestrebten Maßnahmen vor:
    - Am häufigsten ist Ransomware - die Datenbestände werden verschlüsselt, Sicherungskopien vernichtet und es wird ein Lösegeld gefordert.
    - In manchen Fällen werden Daten parallel zur Verschlüsselung durch Ransomware (z. B. Wirtschaftsspionage oder zur Steigerung des Erpressungspotenzials) gezielt kopiert und so gelangen sie in die Hände der Angreifer.
    - Sofern die Datenverschlüsselung nicht sinnvoll oder nicht das Ziel war, kann es passieren, dass die Angreifer die gekaperten Systeme lediglich als "bots" nutzen - also als "Zombie"-Maschinen, die mit der "Zentrale" der Cyber-Kriminellen zusammenarbeiten und weitere Angriffe automatisiert starten; zugleich verbinden sie sich mit dem Netz der Angreifer, um - wie auch immer geartete - Fernsteuerung zu ermöglichen.
    - In der Regel werden Spuren der Angreifer - egal zu welchem Zweck sie eindrangen - verschleiert.

Die Kausalkette der oben beschriebenen Angriffsszenarien ist in etwa wie folgt zu beschreiben:

- die kriminelle Energie der Angreifer und die daraus resultierende Tätigkeit sind nur ein Glied der Kette – sicher das entscheidende, aber nicht das einzige,
- die Angreifer benötigen angreifbare, auch als vulnerabel bezeichnete Systeme, um einen Angriff erfolgreich durchzuführen,
- ferner müssen die angreifbaren Systeme so im Netz exponiert sein, dass sie für Angriffe überhaupt sichtbar sind.

Diese drei zusammen auftretenden Umstände sind wichtig, um die Abwehr zu konzipieren.
Wie man unschwer erkennen kann, sind zwei der oben genannten Bedingungen für einen Angriff durchaus beeinflussbar: man kann die Angreifbarkeit der Systeme durch ihre durchdachte Auswahl und gute Pflege reduzieren. Ferner

kann man die Exposition der Systeme im Netz verringern. Beides Ansätze für Vorsorge – hier setzen wir in unseren Empfehlungen auch an!

b) Technischer Ausfall

Was in der Diskussion über Cyberkriminalität oft untergeht, ist der Umstand, dass Daten-GAU-s oder schlicht EDV-Ausfälle immer noch sehr häufig dadurch entstehen, dass EDV-Produkte und Dienstleistungen unzureichende Qualität aufweisen. Ohne an dieser Stelle auf Details der technischen Ausfälle einzugehen [8], ist festzustellen, dass insbesondere folgende Umstände zu Schäden durch IT-Ausfälle auch unabsichtlich (also ohne Cyberkriminalität) führen können:

- steigende Komplexität von Software in Verbindung mit immer geringerem Verständnis der Nutzer für grundlegende Konzepte (Netzwerktechnologien, Interoperabilität der Systeme, Inkompatibilitäten),
- schlechte Qualität der Software,
- schlechte Wartung sowie fehlende oder fehlerhafte Einweisung der Mitarbeiter und dadurch unsachgemäße Benutzung.

3. Betrachtung für unsere Region

Nachdem wir die Ursachen und Folgen von Daten-GAUs **allgemein** vorgestellt haben, wollen wir uns nun den Problemen aus Sicht der KMU-s und Verwaltungen – insbesondere in Thüringen – widmen. Dabei decken sich unsere Erfahrungen mit den in Umfragen (Thüringer Wirtschaft und Verwaltung) identifizierten Auswirkungen von Datenpannen. Deshalb adressiert unser Leitfaden genau diese Probleme.

Hier stellen wir zunächst die durch Thüringer Unternehmen und Verwaltungen am häufigsten genannten Schadenskonstellationen im Überblick vor. Anschließend betrachten wir jede dieser Folgen von Daten-GAUs etwas genauer und stellen vor, welche Ursachen bzw. Kausalketten zu diesen Vorfällen führen. Darauf aufbauend erläutern wir passende Abwehr- bzw. Vorsorgemaßnahmen dagegen.

Datenverlust wird erstaunlich häufig als gravierendste Folge genannt (praktisch 50 % der Unternehmen nennen diese als das Hauptproblem) – erstaunlich ist dies deshalb, weil die meisten Unternehmen angeben, dass sie sich um Datensicherung kümmern. Die Datensicherung müsste aber gegen Datenverlust schützen – offenbar tut sie es nicht wirklich. Die genutzten Backup-Lösungen scheinen nicht zu funktionieren. Auch wir beobachten diese Situation in der Praxis: Backups sind unzulänglich, Backup-Systeme einfach so schlecht, dass Sicherungskopien kaum verifiziert werden können bzw. im Fall eines Falles unbrauchbar sind.

Betriebsunterbrechung ist ebenfalls eine sehr häufige Folge von Datenpannen. Insbesondere Ransomware und technische Ausfälle führen zu erheblichen und kostspieligen Auszeiten. Dies sehen ebenfalls ca. 50 % der befragten Thüringer

Unternehmen. In den uns aus Erfahrung bekannten erheblichen Zwischenfällen (davon waren die meisten Ransomware-Angriffe, im Übrigen technische Pannen sowie Fehlbedienung) ist dies ebenso - in nahezu allen uns bekannten Fällen waren mittlere bis längere Betriebsunterbrechungen zu beklagen.

Kosten gehören für ca. einen Viertel der Unternehmen in Thüringen zu den empfindlichsten Folgen von Datenpannen. Dies verwundert nicht und wir können es insbesondere für diejenigen Ereignisse bestätigen, in denen externe Hilfe angefordert werden musste. Diese ist sehr kostenintensiv - oft noch teurer, als die mitunter anfallenden Lösegeldzahlungen.

Vertraulichkeitsverletzung ist ebenfalls eines der schwerwiegenden Probleme nach Daten-GAUs. Auch wenn wir in den persönlich inspizierten Fällen relativ selten Abfluss von Daten feststellen konnten, so kennen wir derartige Berichte aus anderen dokumentierten Zwischenfällen. Die Thüringer Unternehmen beklagen Fremdzugriff sowohl im Hinblick auf geheime Informationen aus dem Unternehmen (knapp 20 %) wie auch auf Kundendaten (typische DSGVO-Themen, ca. 17 %).

Wichtig:
Im Hinblick auf die Ursachen einzelner Schadensfälle ist zu unterscheiden, **was der Anlass für jeweiligen Daten-GAU war** (konkrete Angriffsform, technische Panne) und dem, **wie die gesamte, ebenfalls notwendige Kausalkette bis zum Schadenseintritt war** (wie konnte der Angriff passieren, welches Einfallstor wurde genutzt, was hat das technische Versagen ausgelöst). Denn häufig wird bei der Betrachtung lediglich der Ursprung, durch den der sprichwörtliche "Stein ins Rollen" geriet, betrachtet und es wird komplett vergessen, welche Unzulänglichkeiten den eigentlichen Schaden ermöglicht haben. An dieser Stelle versuchen wir, den vollständigeren Blick auf das Problem zu werfen!

Ab hier gilt:

Für jede der oben genannten, in Thüringen offenbar häufig auftretenden Folgen von IT-Zwischenfällen beantworten wir jeweils drei Fragen:

1. Welche Arten von Zwischenfällen führen typischerweise zur jeweiligen Folge (Punkt "Typische Ursachen")?

2. Unter welchen Umständen bzw. Bedingungen können derartige Schäden entstehen (Punkt "Bedingungen, die den Schaden ermöglichen")?

3. Welche Vorkehrungen sind geeignet, solche Folgen künftig zu verhindern oder abzumildern (Punkt "Vorbeugende Maßnahmen")?

a) Datenverlust

Der durch Thüringer Unternehmen am häufigsten genannte Schaden nach Daten-GAUs ist der Datenverlust. Wir sollten also die Gründe für den Verlust von wichtigen Daten möglichst genau verstehen und unsere Energie in Schutz gerade vor diesem investieren.

Typische Ursachen

Datenverlust ist in der Regel eine Folge von:

- Ransomware-Angriffen (Daten werden verschlüsselt und sind ohne Schlüssel nicht mehr verfügbar)
- technischen Defekten (z. B. Hardwareausfall, Serverschaden, Brand, Wasserschaden)
- Fehlkonfigurationen oder Bedienfehlern (versehentliches Löschen, fehlgeschlagene Migration)

Bedingungen, die den Schaden ermöglichen

Ein Datenverlust infolge der o. g. Ereignisse kann nur eintreten, wenn die nachstehend genannten Umstände eintreten. In den allermeisten Fällen muss das System an mehreren Stellen versagen - es ist insofern gar nicht so "einfach", den Datenverlust zu ermöglichen:

- **Backups fehlen oder unzureichend sind** (sie sind zu selten, werden nicht getestet, am gleichen Ort gespeichert, so dass Schadsoftware auch diese vernichtet)
- **schlechte Software / IT-Infrastruktur** eingesetzt wird (d. h. solche, die keinen Fokus auf Datensicherheit legt – wie *copy-on-write*-Dateisysteme, keine *snapshot*-Möglichkeiten, alle Daten über Dateiprotokolle von Arbeitsstationen erreichbar etc.)
- **Redundanz fehlt** (d. h. wenn die Technik viele *single points of failure* aufweist)
- **Wartung unzureichend ist** (ab und zu bleiben defekte Festplatten im System, bis mehrere gleichzeitig ausfallen)
- **Ransomwareangriffe begünstigt werden** (durch schlechte Konfiguration, falsche Bedienung, zu großzügige Systemberechtigungen, schlechte Firewalls/Router)

Vorbeugende Maßnahmen

Helfen können definitiv - und in unseren Empfehlungen plädieren wir dafür selbstverständlich:

- mehrstufige Backup-Strategien (z. B. 3-2-1-Regel: drei Kopien, zwei Medientypen, eine offline/offsite)
- Desaster-Recovery-Tests nach Backup-Erstellung - nicht nur Backup selbst

- Einsatz redundanter Hardware (RAIDs, Hochverfügbarkeit), Replikation
- Netzwerksegmentierung (damit Malware nicht auf alle Systeme zugreifen kann) und Absicherung mit gepflegten Firewalls

b) Betriebsunterbrechungen

Die ebenfalls sehr häufig genannte Folge von Zwischenfällen mit der EDV sind Betriebsunterbrechungen. Sie sind mitunter ein Folgeschaden von Datenverlust. Sie können dennoch auch unabhängig davon eintreten - wenn beispielsweise ohne Datenverlust die Systeme als solche kompromittiert werden und nicht mehr zuverlässig arbeiten. Auch hier sind aber nicht nur Cyberkriminelle schuld an der Misere - ein genauer Blick auf die Ursachen lohnt sich, denn darauf aufbauend ist wirksame Prävention auf jeden Fall möglich!

Typische Ursachen

Betriebsunterbrechungen werden typischerweise verursacht durch:

- Ransomware (Server und Arbeitsplätze durch Verschlüsselung unbrauchbar, für Geschäftsprozesse notwendige Daten ebenso)
- Denial-of-Service-Angriffe (Überlastung der Netzanbindung oder kritischer Dienste, abgekürzt DoS/DDoS)
- Technische Defekte (Stromausfälle, Hardwareprobleme, Netzwerkausfälle)

Bedingungen, die den Schaden ermöglichen

Eine Betriebsunterbrechung kann insbesondere dann eintreten, wenn:

- anfällige Systeme genutzt werden - nicht erprobt, aufgebläht und nicht auf die notwendigen Funktionen begrenzt
- Ausweichsysteme und / oder Notfallpläne fehlen,
- Infrastruktur ist nicht redundant (genug) (*single points of failure* in Rechenzentrum, Netzwerk, Versorgung)
- keine Übungen für Notbetrieb durchgeführt werden (dadurch Mitarbeiter überfordert, Abläufe stehen zumindest länger still)

Vorbeugende Maßnahmen

Was gegen Betriebsunterbrechungen durch EDV hilft:

- Aufbau einer *Business Continuity Management* (BCM)-Struktur
- Notfallhandbücher mit klaren Eskalationswegen und Kontaktlisten
- (geo-)redundante Systeme für kritische Dienste
- Abwehrmaßnahmen gegen DoS/DDoS-Angriffe (z. B. Scrubbing-Services, Traffic-Filter, Netzwerkanalysen)
- Recovery-optimierte Backups und Backupsysteme

c) Direkte finanzielle Nachteile

Beklagt werden auch unmittelbar oder im engen Zusammenhang mit Daten-GAUs entstehende Kosten. Diese Kosten lassen sich vermeiden, wenn ein derartiger Zwischenfall vermieden wird, das ist klar. Aber nicht nur diese Sicht auf das Problem hilft, Kosten ganz oder teilweise zu sparen.

Typische Ursachen

Konkrete Auslöser für derartige Kosten sind:

- Erpressung mit Ransomware (Lösegeldzahlungen oder Kosten für Neuaufbau)
- jeder größere "Einbruch" (weil Forensik, Rechtsberatung, Kommunikation notwendig)
- Vertragsstrafen, Bußgelder (z. B. bei jeder DSGVO-Verletzung)
- mittelbarer Nachteil, weil Produktionsstillstand - siehe oben

Bedingungen, die den Schaden ermöglichen

Der finanzielle Nachteil realisiert sich in der Regel dadurch, dass:

- die Kostenabschätzung und Risikobewertung im Vorfeld unzureichend sind und dadurch zu lockerer Umgang mit Gefahren eines Zwischenfalls praktiziert wird
- man auf die Zahlung des Lösegeldes zur Wiedererlangung der Daten angewiesen ist (schlechtes Backup!)
- Resilienz-Strategie fehlt (deshalb zieht sich der Vorfall lange hin, Kosten steigen)
- keine Versicherung gegen Cyber-Risiken greift (weil es sie nicht gibt oder wegen grober Fahrlässigkeit)

Vorbeugende Maßnahmen

Gegen (direkte) finanzielle Nachteile helfen:

- Investitionen in präventive IT-Sicherheit (meist günstiger als Schadensbehebung)
- Vermeidung insbesondere der oben genannten Defizite in den Präventivmaßnahmen, in der Resilienzstrategie
- regelmäßige Überprüfung und Anpassung von Sicherheitsbudgets
- eventuell Cyber-Versicherungen (wichtigster Vorteil: entsprechende Audits, die zur gesteigerten Sicherheit führen, die man aber auch ohne Versicherung durchführen könnte!)

d) Verletzung der Datenvertraulichkeit

Zu den als empfindlich wahrgenommenen Nachteilen von Datenpannen wird ebenfalls die Vertraulichkeitsverletzung genannt. Nicht nur seit dem Inkrafttreten der DSGVO werden also sowohl in Verwaltungen wie auch in Unternehmen

Kunden- und sonstige Daten als schützenswert angesehen. Wo lauern also Gefahren für den Datenschutz uns wie kann man ihnen begegnen?

Typische Ursachen

Die unmittelbare Ursache für unerwünschten Abfluss von vertraulichen Daten ist meist:

- Datendiebstahl bei Ransomware (Doppelerpressung: Verschlüsselung + Datenexfiltration)
- Gezielte Spionageangriffe (z. B. APT-Gruppen, Industriespionage)
- Insider-Angriffe oder Fehler (Mitarbeiter leiten Daten weiter, unabsichtlich oder absichtlich)
- Phishing, Social Engineering
- Fehlkonfigurationen (offene Cloud-Speicher, ungesicherte Datenbanken, offene Netzwerke)

Bedingungen, die den Schaden ermöglichen

Die Verletzung der Vertraulichkeit der Daten wird begünstigt oder überhaupt ermöglicht, wenn

- Netzwerke und insbesondere Storage-Systeme aber auch Arbeitsgeräte nicht hinreichend abgesichert sind
- Zugriffskontrollen zu schwach konzipiert und umgesetzt sind (schlimmstenfalls kann jeder auf alles zugreifen)
- die Zugriffskontrollen durch fehlende Datenklassifizierung erschwert sind (keine Priorisierung sensibler Daten, alles gleich geschützt oder ungeschützt)
- Monitoring fehlt (sodass Datenabfluss lange unbemerkt bleibt)

Vorbeugende Maßnahmen

Was gegen Vertraulichkeitsverletzung helfen kann:

- Verschlüsselung (*at rest* und *in transit*)
- Monitoring-Systeme
- Prinzip der minimalen Rechtezuteilung (*Least Privilege Access*)
- Schulungen für Mitarbeiter bzgl. Phishing, Social Engineering

II. Einzelne Maßnahmen im Detail

Die von uns empfohlenen Maßnahmen haben wir in kompakter Form bereits oben vorgestellt. Für den interessierten Leser wollen wir nachstehend etwas mehr in die Tiefe gehen:

1. Backup – ein konkreter Lösungsvorschlag

Unsere dringendste Empfehlung bezieht sich auf Erstellung von Sicherungskopien, um Datenverlust vorzubeugen. Uns geht es aber nicht nur darum, dass jemand damit sein Gewissen irgendwie beruhigen und sich in trügerischer Sicherheit wiegen soll, nach dem Motto "ich habe schon ja was, mir kann nichts passieren". Denn sogar die Unternehmensumfragen zeigen, dass Backups zwar erstellt werden, aber häufig nicht helfen. Wir haben uns das Problem genauer angesehen und denken, dass man es schnell und einfach lösen kann. Und diese Lösung, wie Backups zu handhaben sind, wollen wir hier genauer vorstellen.

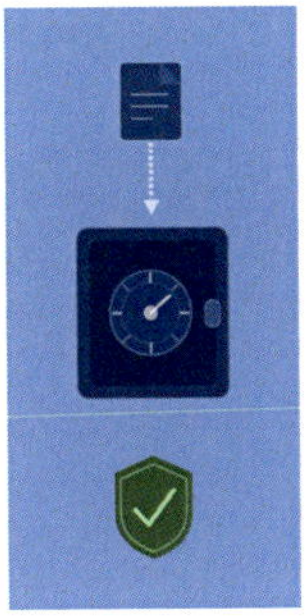

Deshalb folgt an dieser Stelle - für interessierte Leser - eine detaillierte Erläuterung, wie ein solches Backupsystem funktionieren kann. Dabei beziehen wir uns auf ein erfolgreich erprobtes, recht konkretes Beispiel eines zuverlässigen Systems:

a) Bedeutung eines durchdachten Backup-Konzepts

Bitte beachten!

Jegliche von uns verwendeten Unternehmens- oder Produktnamen stellen keinerlei Empfehlung oder Werbung für die entsprechenden Produkte. Sie dienen nur als konkrete Beispiele, um dem Leser zu zeigen, dass sie existieren. Die jeweiligen Produkte werden insbesondere dann NICHT genannt, wenn sie kommerziell sind. Falls wir konkrete Produkte nennen, dann nur unter der Bedingung, dass sie frei oder zumindest kostenfrei auch gewerblich und dauerhaft genutzt werden können.

Bevor wir aber mit unserem Lösungsvorschlag starten, möchten wir auf die Bedeutung eines richtigen Backup-Konzepts hinweisen, damit Sie verstehen, warum es häufig trotz Backups zu Datenverlust kommt. Mit richtigem konzeptionellen Ansatz darf dies aber nicht passieren. Insofern ist ein Backup weit mehr als nur eine Sicherheitskopie von Daten. Wirklich zuverlässig ist es erst, wenn dahinter ein durchdachtes Konzept steht – bestehend aus **klaren Abläufen**, **Automatisierung** sowie einer **regelmäßig getesteten Wiederherstellungsroutine**. Ein solches System sorgt nicht nur für Datensicherheit, sondern auch für **Planbarkeit im Ernstfall**: Wer sich auf sein Backup verlassen will, braucht nicht nur eine Kopie, sondern ein **funktionierendes Verfahren**.

Ein gutes Backup-Konzept definiert:

- **Was** gesichert wird (z. B. Daten, virtuelle Maschinen, Konfigurationsdateien)
- **Wann** und **wie oft** die Sicherung erfolgt (z. B. stündlich, täglich, wöchentlich)

Wie die Wiederherstellung funktioniert (Recovery-Test, Dokumentation)

- **Wo** die Sicherung liegt (z. B. auf separatem Server oder noch besser - an anderem Standort)

Erst wenn alle diese Punkte ineinandergreifen, entsteht ein System, das den tatsächlichen Schutzbedarf abdeckt.

b) ZFS – ein herausragendes Fundament für Datensicherheit

Sollten Sie es noch nicht kennen, empfehlen wir jedem, dem Datensicherheit am Herzen liegt, sich mit dem ZFS-Dateisystem zu befassen. Es ist die beste Grundlage für ein *state-of-the-art*-Backup-System!

Das Dateisystem **ZFS (Zettabyte File System)** ist das Herzstück von Speicherlösungen (wie zum Beispiel TrueNAS). ZFS wurde von Sun Microsystems entwickelt und ist bekannt für seine **hohe Datensicherheit, Prüfsummenmechanismen und integrierte *Snapshot*- und Replikationsfunktionen**. Die wichtigsten Vorteile von ZFS sind:

- **Integrität der Daten:** Jede Datei und jeder Block wird mit einer Prüfsumme versehen, sodass bitweise Fehler sofort erkannt und automatisch korrigiert werden können; jeder Schreibvorgang ist so konzipiert, dass Daten nie verloren gehen, weil zuerst eine Kopie erstellt und erst wenn der Schreibvorgang sicher abgeschlossen wurde, die alte Version gelöscht wird (*COW = copy on Write*).
- ***Snapshots* und Klone:** Änderungen am Dateisystem lassen sich nahezu ohne Performance-Verlust erfassen und als Sicherungskopie "einfrieren". *Snapshots* benötigen keinen zusätzlichen Speicherplatz, solange sich die Daten nicht ändern.
- **Replikation:** *Snapshots* können inkrementell an entfernte Systeme übertragen werden – effizient, sicher und vollständig automatisiert.
- **Selbstheilung:** Bei einem ZFS-Mirror oder RAIDZ kann ZFS beschädigte Daten automatisch aus redundanten Kopien wiederherstellen.
- **Skalierbarkeit:** Von kleinen NAS-Systemen bis hin zu Enterprise-Speicherlösungen – ZFS bleibt immer leistungsfähig und konsistent.

Diese Eigenschaften machen ZFS zu einem der zuverlässigsten Dateisysteme, das insbesondere für professionelle Umgebungen bestens geeignet ist – egal wie groß die Organisation oder das Budget ist.

c) Aufbau des Backup-Systems

Wir empfehlen ein auf dem Dateisystem ZFS basierendes, **mehrstufiges, automatisiertes Sicherungssystem**. Dieses kann zum Beispiel auf der Grundlage des als Open-Source frei erhältlichen TrueNAS (Core oder Scale) [9] umgesetzt werden, aber auch mit anderer Software (Proxmox [10], andere Linux-Varianten, FreeBSD). Seine einzelnen Bestandteile sind:

1. Dateiserver - Storagesystem am Standort

Herzstück der Datenhaltung im Netzwerk am Hauptstandort sollte ein zentrales Datei- und Datenserver sein, auf dem alle kritischen Daten gespeichert werden: zum Beispiel eben das oben erwähnte TrueNAS mit ZFS-Dateisystem. Daten werden in sogenannten ZFS-Pools gehalten.

2. Arbeitsstationen

An den Arbeitsplätzen werden beliebige Geräte genutzt (Windows, macOS, Linux), die allerdings auf Daten auf dem Server per Netzwerk zugreifen – in der Regel über **SMB-Freigaben** auf ihre Arbeitsverzeichnisse, bei Datenbanken entsprechend anders. Wichtig ist aber, dass die kritischen Daten stets nur auf diesem Netzwerklaufwerk gespeichert werden.

3. Andere Serveranwendungen

Sofern andere serverbasierte Anwendungen notwendig sind, können diese über virtualisierte Systeme von einem Host für virtuelle Maschinen zur Verfügung gestellt werden (z. B. Proxmox oder VMware). Die virtuellen Datenträger können in diesem Falle auf TrueNAS-System über NFS-Freigaben als Speicher für virtuelle Maschinen liegen.

4. Erste Sicherungsschicht – Redundanz

Alle Daten in ZFS-Pools sind im gewünschten Umfang redundant - über Mirroring oder RAIDZ-Verbünde (nicht nur Redundanz, sondern mehrfache Redundanz ist möglich). Dies schützt vor Ausfall und sichert die Verfügbarkeit der Daten. Wartung der Datenträger (zum Beispiel Austausch einer alten Festplatte) ist damit ebenfalls unterbrechungsfrei gesichert.

5. Zweite Sicherungsschicht – *Snapshots* (*on site*)

Das ZFS-Dateisystem erzeugt automatisch ***Snapshots***, beispielsweise stündlich oder täglich. Diese *Snapshots* bilden den exakten Zustand der Daten zu einem bestimmten Zeitpunkt ab – benötigen aber keinerlei zusätzlichen Speicherplatz. Im Falle eines Cybervorfalls sind die *Snapshots* von den Arbeitsgeräten nicht sichtbar, also in der Regel nicht angreifbar – weder für Hacker an einer Arbeitsstation noch für Ransomware oder ähnliche Malware.

6. Dritte Sicherungsschicht - Replikation (*off site*)

Ein zweites System (gleiches OS, wie am Standort – also zum Beispiel wieder TrueNAS) an einem anderen Standort dient als **Off-Site-Backup**. Über eine gesicherte Verbindung (z. B. VPN oder SSH-Tunnel) werden **ZFS-*Snapshots* auf Blockebene** automatisch repliziert. Da nur Änderungen übertragen werden müssen, wird Bandbreite und Rechenleistung geschont, dennoch effiziente und kontinuierliche Sicherung gewährleistet. Die Replikation erfolgt mindestens **nächtlich**, kann aber je nach Bedarf häufiger eingerichtet werden.

Da das Replikationssystem auf das Produktionssystem zugreift, ohne dass es Spuren auf letzterem hinterlässt, ist es praktisch ausgeschlossen, dass der Angreifer von der Existenz des Off-Site-Backups erfährt. Damit ist die Vernichtung der dritten Sicherheitsschicht ausgeschlossen. Zugleich schützt sie die Daten auch im Falle von Naturkatastrophen und ähnlichen Umständen, die den Hauptstandort betreffen können.

7. Wiederherstellung

Wiederherstellung ist ebenfalls essenziell - aber mit dem Lösungsvorschlag äußerst effektiv:

- Fällt das primäre TrueNAS-System aus (Hardware-Defekt, Verschlüsselungstrojaner, Feuer), kann der letzte Snapshot vom Off-Site-System schnell wiederhergestellt werden.
- Durch ZFS bleibt der Datenbestand stets konsistent und prüfbar.
- Dank integrierter Automatisierung ist das gesamte System nahezu wartungsfrei.

2. Sicherheitslücken systematisch schließen

Unsere "zweitdringendste" Empfehlung ist die Systempflege im Hinblick auf Sicherheitslücken. Die Bedeutung der Sicherheitsupdates ist in der Regel bekannt – dass diese aber konsequent systematisch zu managen sind, wird teilweise stark unterschätzt. Sie können sich einer Sache sicher sein: ein "ab und zu" und „immer wieder drüber schauen“ reichen definitiv nicht aus...

a) Warum sind systematische Systemupdates unverzichtbar

Nach einem wirksamen Backup gibt es kaum einen einfacheren und gleichzeitig

wichtigeren Schutzmechanismus als **regelmäßige Updates**. Jede Software – egal ob Betriebssystem, Serverdienst oder Anwendung – enthält potenzielle Schwachstellen. Sobald diese entdeckt und öffentlich dokumentiert werden, nutzen Angreifer sie oft innerhalb von Stunden gezielt aus. Systeme, die nicht rechtzeitig aktualisiert werden, bleiben dann leicht angreifbar, selbst wenn sie ansonsten gut konfiguriert sind. Das gilt für alle Plattformen gleichermaßen:

- **Windows-Arbeitsstationen** benötigen kontinuierliche Sicherheits- und Funktionsupdates, um bekannte Angriffsvektoren (z. B. Office-Makros, Remote-Desktop-Lücken) zu schließen.
- **macOS-Systeme** müssen ebenso gepflegt werden, da Angreifer zunehmend auch Apple-Systeme im Visier haben.
- **Linux-Server** im Rechenzentrum oder in der Cloud erfordern regelmäßige Paketaktualisierungen, um zum Beispiel Kernel-, OpenSSL-oder Webserver-Sicherheitslücken zu schließen.

- ***mobile devices*** sind auch immer öfter Ziel von Angriffen - dabei sind sie durch mobilen Einsatz besonders gegenüber nicht vertrauenswürdigen Umgebungen exponiert.

Dabei kann ein einzelnes veraltetes System in einem Netzwerk zum **Einfallstor** für Ausfälle oder gar Angriffe werden – selbst dann, wenn alle anderen Geräte auf dem neuesten Stand sind.

b) Die Herausforderung: Pflege über viele Systeme hinweg

In modernen IT-Umgebungen sind meist zahlreiche Geräte unterschiedlicher Art im Einsatz – von Arbeitsstationen über Server bis hin zu mobilen Geräten, Netzwerkkomponenten oder virtuellen Maschinen. Das Aktualisieren der Geräte ist dabei nicht nur **zeitaufwändig**, sondern auch **fehleranfällig**:

- Updates werden vergessen oder verspätet eingespielt
- Versionen driften auseinander, was zu Inkompatibilitäten führt
- Unterschiedliche Administrationsstandards erschweren die Nachvollziehbarkeit.

Ein nachhaltiges Update-Konzept ist daher **automatisiert**, **planbar, plattformübergreifend** und **überwachbar**. Auch für dieses Thema gibt es wunderbare Lösungen, die Ihnen helfen, die IT-Infrastruktur sicher zu betreiben – Sie müssen es nur angehen... Wenn Sie damit einen oder mehrere zuverlässige Mitarbeite betrauen können, systematische Updates und insgesamt Pflege der Systeme zu verantworten, dann ist dies eine sinnvolle Arbeit – auch wenn zu überlegen ist, ob die anfallende Arbeitszeit leistbar ist.

Es existieren allerdings Tools, wie zum Beispiel ***Ansible***. Diese Lösung nennen wir deshalb, weil sie eine beachtliche, sehr aktive Entwicklergemeinde, riesigen Nutzerkreis hat und Open-Source-Software ist – und deshalb auch ohne konkreten Anbieter frei implementiert werden kann. Dies kann – bis auf den Arbeitsaufwand – zum Nulltarif erfolgen. Selbstverständlich kann ein solches System aber auch – ob mit *Ansible* oder mit einem anderen Tool – durch einen professionellen Anbieter als Dienstleistung umgesetzt werden. Wichtig ist, dass Sie wissen, dass die Automatisierung möglich ist und Sie diese veranlassen.

c) Ein Beispiel für Automatisierung mit *Ansible*

Ansible ist ein Open-Source-Automatisierungstool, das sich hervorragend eignet, um Systempflege und Updates zentral zu steuern. Es arbeitet "agentenlos" – das heißt, auf den Zielsystemen muss kein zusätzlicher Dienst installiert werden. Stattdessen nutzt *Ansible* **SSH** (bei Linux/Unix-Systemen) oder **WinRM** (bei Windows), um Befehle auszuführen.

Mit *Ansible* lassen sich

- Updates systematisch verteilen, z. B. per *playbook*, das auf allen Servern oder Arbeitsstationen gleichzeitig ausgeführt wird,

- Konfigurationen vereinheitlichen, sodass alle Systeme dieselben Sicherheitsrichtlinien, Benutzerrechte oder Softwareversionen verwenden,
- regelmäßige Wartungsroutinen automatisieren, z. B. wöchentliche Paketupdates, Reboots oder Protokoll-Auswertungen,
- Änderungen dokumentieren: Jede Aktion ist nachvollziehbar und reproduzierbar – ein entscheidender Vorteil für Audits oder Fehlersuche.

Nachstehend präsentieren wir ein kurzes Beispiel "zum Anfassen" für ein einfaches *Ansible-playbook* zum Aktualisieren von Linux-Systemen. Ein *playbook* ist bei *Ansible* eine Art Konfigurationsdatei, mit der die Steuerung erfolgt und die gleichzeitig als Dokumentation dienen kann, was das System tut:

```
- name: Linux-Systeme aktualisieren
hosts: linux_server
become: yes
tasks:
- name: Paketlisten aktualisieren
apt:
update_cache: yes

- name: Alle Pakete auf den neuesten Stand bringen
apt:
upgrade: dist
```

Solche *playbooks* können vollständig automatisiert ausgeführt werden und gewährleisten, dass jedes System regelmäßig und konsistent gepflegt bleibt – ohne manuelles Eingreifen. Und bedenken Sie: Systemupdates werden zwar als eine lästige Pflicht wahrgenommen, sie sind aber ein zentraler Bestandteil jeder Sicherheitsstrategie. Die Kombination aus regelmäßiger Pflege, klar definierten Prozessen und automatisierter Umsetzung schützt nicht nur vor Angriffen, sondern auch vor Ausfällen durch Inkompatibilitäten oder Versionskonflikte. Mit Werkzeugen wie *Ansible* lässt sich dieser Prozess elegant und effizient gestalten – unabhängig davon, ob es sich um ein paar Arbeitsstationen oder eine komplexe Serverlandschaft handelt.

3. Ein Minimum an Sicherheitsprozessen

Gutes Management und ein waches Bewusstsein sind nicht so einfach umzusetzen, wie eine einzelne Maßnahme – sie sind aber zentral für wirksamen Schutz vor Cybergefahren und IT-Zwischenfällen. Einerseits kosten diese Maßnahmen zwar kein Geld - aber verlangen sehr wohl Zeit und Aufmerksamkeit. Genau darin liegt die größte Hürde. Dennoch plädieren wir ausdrücklich dafür, dass **jede Verwaltung, jedes Unternehmen und jede Organisation zumindest auf minimalem Niveau ein Sicherheitsmanagement etabliert**.

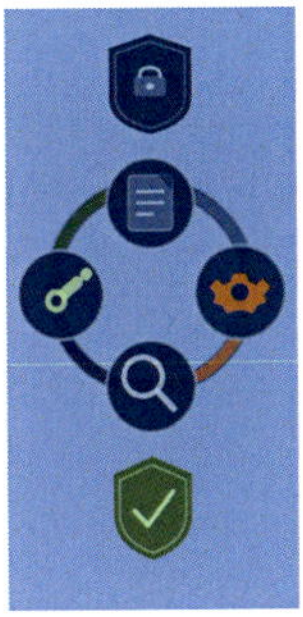

Es sprengt den Rahmen dieser Ausarbeitung, im Detail zu beschreiben, wie ein vollständiges Informationssicherheitskonzept aufgebaut wird. Zahlreiche Leitfäden und Standards (z. B. BSI IT-Grundschutz, ISO 27001, NIST Cybersecurity Framework) geben dazu wertvolle Orientierung. Für alle, die keine Zeit oder Ressourcen für eine umfangreiche Einführung haben, folgt hier ein **kleiner, pragmatischer Einstieg**, der sich mit überschaubarem Aufwand umsetzen lässt.

a) Warum selbst ein einfaches Konzept so wichtig ist

Auch wenn der Aufbau von Sicherheitsprozessen aufwändig erscheint, lohnt sich jede in dieses investierte Minute:

- Es sensibilisiert alle Beteiligten für Risiken, die oft erst durch bewusste Betrachtung sichtbar werden.
- Es hilft, Abläufe für den Notfall zu klären und Panikreaktionen zu vermeiden.
- Es spart im Ernstfall bares Geld, weil sich Schäden schneller erkennen, begrenzen und beheben lassen.

Ein Sicherheitskonzept hilft also doppelt:

- präventiv, indem es Zwischenfälle vermeidet.
- reaktiv, weil es im Ernstfall den Weg aus der Krise klar vorgibt.

b) Sicherheitsmanagement auf einem Blatt Papier

Wenn für eine professionelle Befassung keine Zeit bleibt, genügt es zunächst, einmal **systematisch über Risiken und Abläufe nachzudenken** – und die Ergebnisse **kurz zu dokumentieren**. Dieser einfache Schritt wirkt erstaunlich – wobei der Fokus darauf liegen sollte, den Blick auf die eigenen Systeme zu schärfen, die Wachsamkeit zu erhöhen und Klarheit über Verantwortlichkeiten zu schaffen.
Folgende Vorgehensweise hat sich dabei bewährt:

Systeme erfassen

Listen Sie auf einem Blatt Papier oder Flipchart die wichtigsten IT-Komponenten Ihrer Organisation auf – Server, Netzwerke, PCs, Cloud-Dienste, mobile Geräte usw.

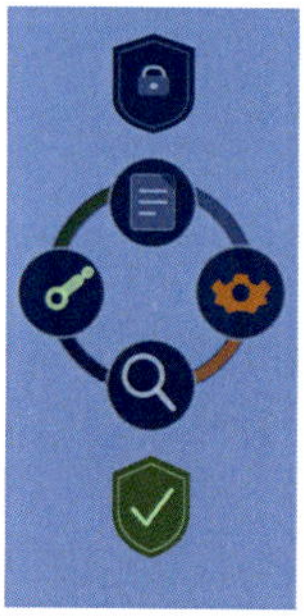

Risiken erkennen
Überlegen Sie, wo und wie Schäden oder zumindest Probleme entstehen könnten – etwa durch Datenverlust, Ausfall der Systeme, Datenmanipulation.

Bedrohungen benennen
Notieren Sie konkrete Gefahrenquellen: Stromausfall, Ransomware, menschliche Fehler, unzureichende Zugriffsrechte oder Zugriff durch Unbefugte, verlorene Laptops usw.

Schutzmaßnahmen planen
Überlegen Sie, welche präventiven Maßnahmen helfen könnten: regelmäßige Backups, Updates, Passwortregeln, Schulungen, Zugriffsbeschränkungen. Die bereits praktizierten Vorgehensweisen können dabei berücksichtigt und in die Zusammenfassung integriert werden.

Verantwortlichkeiten festlegen
Wer tut was zwecks Prävention und wenn ein Vorfall eintritt? Wer informiert wen? Wer ist für Wiederherstellung, Kommunikation oder Entscheidungsfindung zuständig?

Dokumentation und Pflege
Schreiben Sie die Ergebnisse stichpunktartig so genau wie gerade möglich nieder – es muss kein perfektes Handbuch sein! Wichtig ist nur, dass Sie **festhalten, was Sie tun und warum**, und das Dokument regelmäßig (z. B. halbjährlich) aktualisieren.

Schon dieser einfache Prozess erhöht die **organisatorische Resilienz** erheblich – selbst ohne teure Tools oder komplexe Strukturen.

c) Technische Unterstützung und Automatisierung

Mit etwas mehr Zeit lassen sich viele der beschriebenen Prozesse technisch unterstützen. Ein Beispiel ist das bereits oben im Kontext der Sicherheitsupdates vorgestellte Automatisierungs-Framework *Ansible*, das in der Systemadministration weit verbreitet ist. Es kann helfen, wiederkehrende Sicherheitsaufgaben zu standardisieren, z. B.:

- regelmäßige Updates auf allen Servern ausführen
- Konfigurationen und Zugriffsrechte vereinheitlichen
- Protokolle oder Sicherheitsberichte automatisiert erzeugen

So entsteht schrittweise ein System, das **nicht nur dokumentiert**, sondern **kontinuierlich prüft**, ob Sicherheitsmaßnahmen tatsächlich greifen, **und verbessert sie**. Sicherheitsmanagement ist keine Frage der Unternehmensgröße, sondern der Haltung. Wer heute schon plant, wie er morgen reagieren würde, hat im Ernstfall die Nase vorn. Selbst ein **einfaches, unvollständiges Konzept** ist besser als keins – denn es schärft das Bewusstsein, fördert Verantwortung und senkt das Risiko eines Daten-GAUs erheblich. **Fangen Sie einfach an – sei es nur auf einem Blatt Papier.** Die besten Sicherheitskonzepte beginnen nicht mit Perfektion, sondern mit dem ersten Gedanken an das "Was wäre wenn?"

4. Bewusste Auswahl von Hard- und Software

Die Empfehlung, dass Sie Ihre technischen Lösungen - sowohl Hard- wie auch Software - bewusst auswählen sollten, resultiert aus der Erfahrung, dass Daten- und IT-Sicherheit nicht allein von Firewalls, Passwörtern oder Backups abhängt - sondern ganz wesentlich davon, **welche Produkte Sie einsetzen**. Die Auswahl von Hard- und Software prägt die gesamte Systemlandschaft, und damit auch ihr Sicherheitsniveau. Dabei ist nicht entscheidend, ob Sie Produkte eines bestimmten Herstellers verwenden. Viel wichtiger ist, **dass Sie Ihre Entscheidungen bewusst treffen** – stets mit Blick auf Stabilität, Angriffsfläche, Komplexität und Unabhängigkeit.

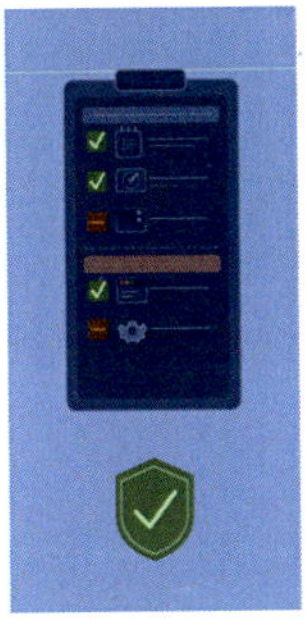

Das schließen wir aus der Praxis, die zeigt, dass unreflektierte Einkaufsentscheidungen zu überdimensionierten, instabilen und unnötig kostenintensiven Systemen führen – und in vielen Fällen Sicherheitsrisiken schaffen. Ein bewusster, strategischer Umgang mit IT-Produkten hingegen spart jedenfalls langfristig Geld, reduziert Risiken und stärkt die digitale Souveränität. Lassen Sie uns einige sinnvolle Regeln für die Auswahl ihrer IT-Lösungen - insbesondere aus Sicht der Datensicherheit - erläutern:

a) Weniger ist mehr – die Macht der Einfachheit

Jede Funktion, jede Schnittstelle, jedes Plugin kann eine Schwachstelle sein. Produkte, die mit Funktionen überfrachtet sind, bieten eine größere Angriffsfläche, höhere Komplexität und damit auch mehr potenzielle Fehlerquellen. **"Featuritis"** – das übermäßige Anhäufen unnötiger Funktionen – ist einer der häufigsten Sicherheitsfehler moderner IT-Infrastrukturen.
Setzen Sie stattdessen auf das bewährte Prinzip **"so viel wie nötig, so wenig wie möglich"!**:

- Bevorzugen Sie im Zweifel stets die **schlankere, spezialisierte Lösung**, die nur das tut, was wirklich gebraucht wird!
- Vermeiden Sie Funktionspakete, die vermeintlich "mehr fürs Geld" versprechen - sie bringen oft nur Ballast!
- Nutzen Sie vorhandene Systeme effizient, anstatt für jede Aufgabe noch ein neues Produkt einzukaufen!

Dieses Denken folgt dem klassischen UNIX-Prinzip: *One task – one program.* Ein Computerprogramm sollte eine Aufgabe gut lösen – dies ist viel besser, als viele Aufgaben mittelmäßig...

b) Vielfalt statt Monokultur

Monokulturen sind in der IT ebenso gefährlich wie in der Landwirtschaft: Wenn alle dieselbe Software, dasselbe Betriebssystem oder dieselbe Cloud-Plattform

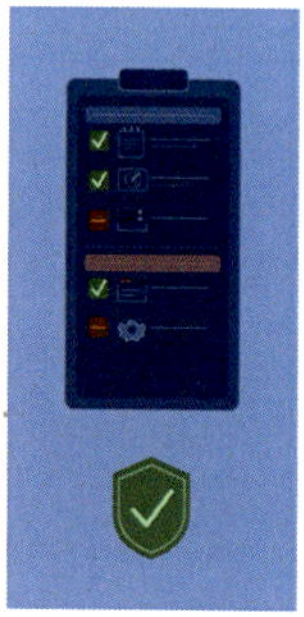

verwenden, reicht ein einziger erfolgreicher Angriff, um Millionen Systeme zu treffen. **Diversifizierung ist daher ein entscheidender Sicherheitsfaktor** - deshalb:

- Verwenden Sie verschiedene Softwareprodukte für einzelne Aufgaben in unterschiedlichen Bereichen (insbesondere in vernetzten Umgebungen) – auf keinen Fall Mailserver, Dateiserver, Server-Betriebssystem und Backup-Lösung von einem und demselben Hersteller, auch wenn der Hersteller mit angeblich besserer *Interoperabilität* lockt.
- Trennen Sie Systeme logisch und physisch: kleine, klar abgegrenzte Cluster sind widerstandsfähiger als große, monolithische Infrastrukturen.
- Wo Mitarbeiter auf bewährte Arbeitsumgebungen angewiesen sind (z. B. Windows-Clients), können im Hintergrund **alternative Serverlösungen** laufen – etwa auf Linux- oder BSD-Basis; so bleibt die Benutzererfahrung gleich, während die Systemarchitektur robuster wird.

Ein Mix aus Bekanntem und Alternativem erschwert es Angreifern, in kurzer Zeit große Schäden anzurichten. Vielfalt bedeutet an dieser Stelle Widerstandskraft. Die häufig aus Zeit- oder Kostengründen vorangetriebene Vereinheitlichung bedeutet mitunter Sparen am falschen Ende...

c) Open-Source-Software als unterschätzte Stärke

Ein besonders wirkungsvolles Instrument für mehr Sicherheit und Unabhängigkeit ist der **Einsatz von Open-Source-Software (OSS)**. Im Mittelstand und in öffentlichen Verwaltungen ist ihr Potenzial oft noch wenig bekannt – dabei gehört OSS längst zum Rückgrat der globalen IT:

- alle Supercomputer der TOP 500 laufen mit dem OSS-Betriebssystem Linux,
- in der Raumfahrt, im Cloud-Computing, in Netzwerken und Rechenzentren weltweit ist OSS Standard.

Warum ist das so?

- Transparenz: Der Quellcode ist offen und kann überprüft werden. Sicherheitslücken werden in der Regel schneller entdeckt und behoben, als bei kommerzieller Software.
- Qualität: OSS profitiert vom globalen Wissensaustausch – und steht kommerzieller Software in nichts nach.
- Freiheit: OSS führt zu keinem *vendor lock in*; der Kunde kann den Anbieter und die genaue Variante des Betriebssystems wechseln.

- Kostenkontrolle: Lizenzgebühren entfallen in der Regel, während der Wartungsaufwand nicht höher ist als bei proprietären Lösungen.
- Digitale Souveränität: der Kunde bleibt unabhängig von Herstellern und deren Geschäftsmodellen.

Natürlich kommen auch hier unausgereifte oder schlecht gepflegte Projekte vor! Aber die führenden OSS-Lösungen – etwa Linux, Apache Webserver, mariaDB oder PostgreSQL, Nextcloud, Proxmox oder pfSense – sind millionenfach bewährt, sicher und werden von hochqualifizierten Communities gepflegt.

d) Monopole hinterfragen – Abhängigkeiten vermeiden

Monopolistische Anbieter locken oft mit Bequemlichkeit: Alles aus einer Hand, alles integriert. Doch dieser Komfort ist trügerisch. Der sogenannte *vendor lock in* ist auf lange Sicht gefährlich und bedeutet, dass Sie sich langfristig an einen Anbieter binden - selbst wenn die Qualität sinkt oder die Kosten steigen.

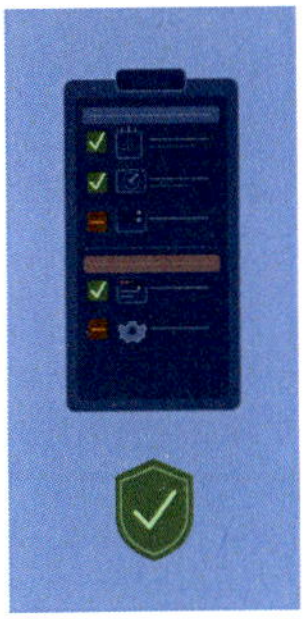

Beispiele für diese negativen Tendenzen gibt es viele:

- die Abhängigkeit von Microsoft-Produkten in Büro- und Netzwerkinfrastrukturen
- Cloud-Anbieter, deren Geschäftsmodelle den Datenstandort und Datenschutz aushöhlen
- der Strategiewechsel bei VMware nach der Übernahme durch Broadcom, der viele Kunden unvermittelt traf

Deshalb gilt: hinterfragen Sie alle Abhängigkeiten – und suchen Sie Alternativen; Gerade Open-Source-Lösungen bieten hier eine nachhaltige Option. Sie sind nicht an einzelne Hersteller gebunden und bleiben langfristig flexibel. Wer Alternativen prüft, handelt nicht gegen den Markt - sondern zukunftsorientiert.

e) Isolieren, virtualisieren, absichern

Manche Software lässt sich aus organisatorischen oder technischen Gründen nicht ersetzen - etwa Branchenlösungen oder Quasi-Monopole, die von diesen Branchenlösungen vorausgesetzt werden. Doch auch in diesem Fall können Sie das Risiko minimieren:

- Setzen Sie Virtualisierung ein, um anfällige Systeme zu isolieren.
- Betreiben Sie kritische Anwendungen auf resilienter Infrastruktur, z. B. auf ZFS-basierten Storage-Systemen mit automatischen Snapshots und Replikation.
- Nutzen Sie **Open-Source-Komponenten als Sicherheitsmantel** (z. B. Backup, Monitoring, Firewall, Proxy, E-Mail-Gateway) - selbst wenn die Hauptanwendung proprietär bleibt.

So entstehen mehrschichtige Sicherheitszonen – ein Angreifer, der eine Schicht überwindet, trifft auf die nächste und kann keinen Schaden anrichten.

f) Bleiben Sie gegenüber Hypes und Marketing skeptisch

Die IT-Industrie lebt von ständigen Neuheiten. Doch nicht jedes neue Produkt bringt echten Mehrwert. Oft werden unausgereifte Systeme überhastet auf den Markt gebracht, und der „Beta-Test" findet beim Kunden statt – auf Ihrem System.

Deshalb:

- Meiden Sie den Reflex, jeder Trendwelle zu folgen.
- Prüfen Sie neue Technologien kritisch auf Reife, Sicherheit und Notwendigkeit.
- Bleiben Sie bei Bewährtem, solange es Ihre Aufgaben zuverlässig erfüllt.

Technologische Innovation ist wichtig – aber Sicherheit und Stabilität gehen vor.

5. Haftung regeln und durchsetzen

Ein Aspekt, der in der Praxis von Unternehmen und Verwaltungen nach wie vor erschreckend häufig vernachlässigt wird, ist die vertragliche und rechtliche Seite der IT-Sicherheit. Selbst die besten technischen und organisatorischen Schutzmaßnahmen verlieren erheblich an Wirkung, wenn die Verantwortlichkeiten unklar sind oder Haftungsfragen nicht sauber geregelt wurden. Wer also wirklich vorsorgen will, muss nicht nur Systeme absichern - sondern sich auch Gedanken über Pflichten und Ersatzansprüche machen. Deshalb sprechen wir diesen - zugegebenermaßen mitunter schmerzhaften - Punkt in unserem Leitfaden auch an. Auch wenn dieser Aspekt nicht im Fall der Fälle vor Datenverlust oder Schaden schützt, so hat er deutliche Auswirkungen auf:

- finanzielle Folgen von Daten-GAUs für den Betroffenen,
- besseres Verantwortungsbewusstsein der IT-Industrie und der IT-Dienstleister in der Zukunft; denn sie erlauben sich dem Kunden gegenüber nur das, was der Kunde zulässt.

Wie sollten Sie sich verhalten?

a) Klare Regelungen mit Dienstleistern treffen

Viele IT-Zwischenfälle, Datenverluste oder Sicherheitsprobleme sind nicht etwa "höhere Gewalt", sondern Resultat mangelnder Sorgfalt, fehlerhafter Konfiguration oder unzureichender Wartung - kurz: es sind **handwerkliche Fehler**. Dennoch werden diese Fehler von Anbietern und Dienstleistern viel zu oft als gegenüber Cybergefahren "unvermeidlich" dargestellt. Das ist falsch und rechtlich keineswegs haltbar.

Schon bei der Auswahl von IT-Dienstleistern oder externen Administratoren sollten Sie daher auf klare, überprüfbare Vereinbarungen achten (bleibt der

Anbieter vage und unklar - nehmen Sie einen anderen!) und Folgendes vereinbaren:

- Definieren Sie Verantwortlichkeiten (wer und wie ist für welche Systeme, Updates, Backups und Sicherheitsmaßnahmen zuständig?)
- Vereinbaren Sie Reaktionszeiten bei Störungen oder Angriffen
- Fordern Sie Nachweise über regelmäßige Wartung, Monitoring, Sicherheitsupdates oder Backups und lassen Sie sich diese nach Möglichkeit bestätigen (z. B. in Form von Protokollen oder Reports in Textform),
- Regeln Sie Haftungsfragen (was passiert, wenn durch Fahrlässigkeit oder fehlerhafte Konfiguration Daten verloren gehen? wer trägt die Kosten für Wiederherstellung, Ausfallzeiten, Betriebsunterbrechungen oder Schadensbegrenzung?)
- Bestehen Sie auf Transparenz - die Ausrede "das System ist proprietär, da haben wir keinen Einblick" ist kein Argument, sondern ein Warnsignal; Sie zahlen - also dürfen (und müssen) Sie Einblick in kritische Abläufe und Verantwortlichkeiten haben

Im Idealfall sollten diese Punkte Teil eines schriftlichen Wartungs- oder Dienstleistungsvertrags sein. Ein solcher Vertrag sollte nicht nur technische Details, sondern auch rechtliche Konsequenzen klar benennen. Nur so können Sie sicherstellen, dass im Schadensfall nicht alles auf Sie als Auftraggeber zurückfällt.

b) Haftung kann und sollte durchgesetzt werden!

Unsere Erfahrung zeigt: In der IT-Branche bleiben gravierende Fehler häufig **folgenlos**. Hardwarehersteller, Softwareanbieter oder Systemhäuser berufen sich auf Allgemeine Geschäftsbedingungen, die Haftung ausschließen oder einschränken sollen. Viele Kunden nehmen das klaglos hin – aus Unsicherheit, Unkenntnis oder schlicht, weil "man ja sowieso nichts machen kann". Doch das stimmt nicht. Zahlreiche Urteile belegen, dass Haftung für IT-Fehler durchaus durchsetzbar ist, wenn der Schaden auf nachweisbare Pflichtverletzungen zurückzuführen ist – etwa:

- unterlassene Sicherheitsupdates
- unzureichende Datensicherungen
- grobe Konfigurationsfehler
- Verletzung von Aufklärungspflichten
- mangelnde Reaktion auf bekannte Sicherheitsrisiken

Gerade in Zeiten, in denen Cyberangriffe alltäglich geworden sind, ist die Pflicht zur angemessenen IT-Sicherheit längst Bestandteil der allgemeinen Sorgfaltspflicht von Dienstleistern und Herstellern. Wer also IT-Lösungen verkauft, wartet oder betreibt, muss nach dem Stand der Technik handeln. Tut er das nicht, liegt eine Verletzung seiner vertraglichen Pflichten vor – und damit ein Haftungsgrund. Deshalb gilt: **Ziehen Sie Anbieter und Dienstleister zur Verantwortung.**

Ein Daten-GAU ist nicht nur durch Angreifers aus einem fernen Land verschuldet, sondern auch das Ergebnis eines Systems, das vorher nicht ausreichend abgesichert wurde. Es ist Ihr gutes Recht, dies einzufordern. Sie sollten es künftig auch vertraglich festschreiben - was wir bereits oben erläutert haben.

c) Was in Verträgen stehen sollte

Damit Sie nicht auf leere Versprechen angewiesen sind, sollten Verträge mit IT-Dienstleistern und Anbietern konkret und überprüfbar formuliert sein. Wichtige Punkte sind dabei:

- Leistungsbeschreibung - welche Systeme, Anwendungen und Prozesse stehen in Verantwortung des Vertragspartners?
- Sicherheitsanforderungen - welche Standards gelten (z. B. regelmäßige Updates, Verschlüsselung, Firewall-Wartung, Backup-Testläufe)?

- Dokumentationspflichten - welche Maßnahmen und Kontrollen schuldet der Dienstleister und wie muss er sie nachweisen?
- Haftung und Gewährleistung ist zu regeln:
  - Wer übernimmt sie für Datenverluste und Folgeschäden (soweit rechtlich zulässig)?
  - pauschale Haftungsausschlüsse - insb. auch für grobe Fahrlässigkeit - sind ein *no go*,
  - Welche Versicherungen schließt der Dienstleister auch zugunsten seiner Kunden (Haftpflicht) ab?
- Verfügbarkeit und Reaktionszeiten (SLA) - wie schnell muss reagiert werden, wenn Systeme ausfallen oder Angriffe erkannt werden?
- Kündigungs- und Übergaberegeln - was passiert beim Anbieterwechsel, wie werden Daten und Zugänge vollständig, sicher und lesbar übergeben? (**wichtig!** - sonst Abhängigkeit und *vendor lock in*)

d) Verantwortlichkeit auch intern verankern

Auch intern sollte klar sein, wer für welche Bereiche der IT-Sicherheit zuständig ist. Es reicht nicht, alles an den externen Dienstleister zu delegieren - die Verantwortung bleibt letztlich bei der Organisation selbst. Ein Minimum ist interne Verantwortlichkeit für die Überwachung von IT-Dienstleistern.
Deshalb:

- Benennen Sie interne Ansprechpartner oder Informationssicherheitsbeauftragte.
- Schulen Sie diese regelmäßig, auch in rechtlichen Fragen,
- Halten Sie Verantwortlichkeiten schriftlich fest.

Damit vermeiden Sie das typische "niemand war zuständig"-Szenario, das in der Praxis zu den schlimmsten Schäden führt.

6. Kompetenz *in house* sicherstellen

Der schwierigste und langwierigste – aber sehr wichtige – Punkt findet am Ende Platz, weil uns absolut bewusst ist, dass diese "Wunde" nur schwer zu heilen ist. Dennoch werden wir nicht müde, zu betonen, dass man dagegen ankämpfen sollte. Aus mehreren Gründen ist die Personaldecke im IT-Bereich in vielen Verwaltungen und Unternehmen dünn:

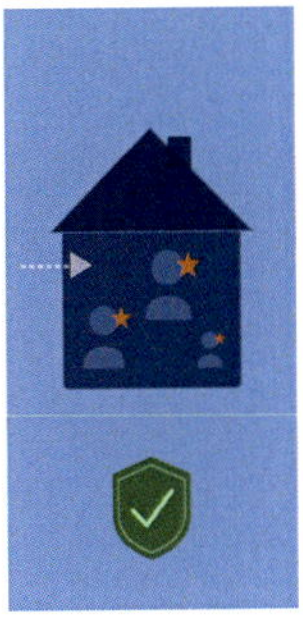

- Kostendruck,
- Fachkräftemangel, der im IT-Bereich besonders empfindlich herrscht,
- Schwierigkeiten bei Einschätzung von Kompetenzen des Personals,
- ***outsourcing***, der auf eine Jahrzehnte lange Tendenz zurückzuführen ist, in der die Steigerung der Margen wichtiger ist als nachhaltiges Wirtschaften...

a) Strukturelle Probleme der Ausgliederung von IT-Aufgaben

Dass zu den Kollateralschäden des *outsourcing* die Datensicherheit und Sicherheit der EDV allgemein gehören, liegt auf der Hand. Wenn wir uns einen Vergleich mit menschlichem Körper erlauben, dann kann Datenverarbeitung, die einem Blutkreislauf im Körper ähnelt und - im Gegensatz sogar zu Niere, Herz - so gut wie nicht nach außen verlagert werden und außerhalb des Körpers stattfinden. Deshalb ist die Abgabe der IT in die Hände eines Dienstleisters brandgefährlich. Im Kontext der Datensicherheit bedeutet das Fehlen von Fachkräften in der Organisation und Beauftragung eines externen Dienstleisters Folgendes:

- Aus einer wichtigen Querschnittsaufgabe wird ein simples Produkt; das ändert die Herangehensweise und senkt Problembewusstsein für Gefahren.
- Das Know-How fehlt automatisch intern.
- Der externe Dienstleister - und das ist unsere Erfahrung, nicht nur theoretische Überlegung - haut schlicht ab, wenn es ihm zu aufwändig wird; also wird er ein höheres Maß an Sicherheit für Sie nicht umsetzen und im Falle eines Zwischenfalls wird er nicht helfen; und sogar dann, wenn Sie gute Juristen engagieren, um ihn zur Verantwortung zu ziehen: viele Daten-GAUs sind so heftig, dass ein kleinerer Dienstleister schnell in die Insolvenz rutscht - und dann haben Sie nichts, als Scherben...
- Die Sicherheitslage der Organisation ist für die Entscheider infolge der Ausgliederung der Aufgabe schlicht intransparent.
- Ihre Belange werden durch externen Dienstleister nur so lange berücksichtigt, wie lange die Marge stimmt; wenn etwas plötzlich dringend oder wichtig wird - insbesondere aus Sicherheitsgründen - stoßen Sie in der Regel auf taube Ohren oder es wird mit pseudo-Maßnahmen geblendet.

b) Unsere dringende Empfehlung

Aus den oben genannten Gründen gilt:

- Wenn es nur irgendwie geht, machen Sie kein *outsourcing*; lassen Sie die gesamte Aufgabe EDV im Hause.
- Falls *outsourcing* unumgänglich ist:

  - Sorgen Sie für Transparenz dadurch, dass Sie *inhouse* zumindest insofern kompetentes Personal vorhalten, das in der Lage ist, die Tätigkeit des Dienstleisters zu überwachen.
  - Schließen Sie Verträge ab, die Verantwortung für Sicherheit und Notfälle ausreichend vorsehen und regeln (siehe bereits oben).
  - Überwachen Sie den Dienstleister hinreichend – sogar wenn er die Verantwortung vertraglich zugesichert hat, sind Sie nach wie vor Ihren Partnern gegenüber allein verantwortlich; bedenken Sie, dass Sie für die Fehler des Dienstleisters haften!

III. Einige strukturelle Überlegungen

Unser Leitfaden soll vor allem schnell helfen. Deshalb haben wir zahlreiche Detailthemen nicht in die Liste mit Empfehlungen aufgenommen, um diese nicht zu überfrachten. Zu diesen Detailthemen gehört auch die Darstellung der strukturellen Defizite in der in Deutschland und Europa zu beobachtenden Praxis in der EDV. Für den interessierten Leser wollen wir dennoch - am Ende des Leitfadens, wo es den Lesefluss nicht behindert - einige Gedanken dazu loswerden.

Der Grund für diese Gedanken ist das, was wir bei Analyse der Vorfälle sehen, die in Verwaltung und Wirtschaft empfindliche Schäden zur Folge hatten. Es zeigt sich, dass bei den meisten Daten-GAUs neben zahlreichen Fehlern, unglücklichen Zufällen, krimineller Energie im Einzelfall, verschiedenen Angriffsszenarien doch auch einige tiefer liegende Ursachen eine entscheidende Rolle spielen. Diese grundlegend fragwürdigen Umstände bezeichnen wir an dieser Stelle als ***strukturelle Defizite***. Inwiefern die Bezeichnung die beste ist, kann man gern streiten – uns geht es schlicht darum, einige allgemeine, sich wiederholende Situationen oder Praktiken zu erläutern, die möglicherweise nicht direkt zu einem schwerwiegenden Zwischenfall geführt haben, **die aber insgesamt ein Umfeld schaffen, in dem Angriffe oder Datenverluste leichter, häufiger und gravierender sind**.

1. Schlechte Qualität

In den Umfragen zeigt sich, dass auch Thüringer Unternehmen überwiegend nicht wirklich von der Qualität und Sicherheit von IT-Produkten überzeugt sind. Das Problem mit Qualität von Software und Dienstleistungen der IT-Industrie allgemein beobachten wir in der Praxis auch. Es steht außer Frage, dass es nicht immer gelingen kann, absolut fehlerfreie IT-Produkte herzustellen. Wir erkennen an, dass IT oder Software komplexe Anliegen sind. Und je komplexer die Aufgaben, die von ihnen gelöst werden sollen, umso schwieriger wird es sein, Fehler zu vermeiden! Dennoch: Werden Produkte der IT-Industrie mit dem gleichen Maßstab gemessen, wie diejenigen eines Automobilbauers, eines Werkzeugherstellers, eines Bauunternehmens? Wir haben den Eindruck, dass dies nicht der Fall ist...

Was für uns aber in diesem Kontext die viel spannendere Frage ist: Wie gehen Kunden mit diesem Problem um? Und da denken wir, dass das Qualitätsproblem nur dann gelöst werden kann, wenn Kunden:

- Genau hinschauen, was sie sich "ins Haus holen" - unsere Empfehlung "Bewusste Auswahl von Hard- und Software" möchten wir an dieser Stelle besonders betonen!
- Sich schlechte Qualität nicht gefallen lassen und wenn keine hinreichende Qualität geboten wird, Konsequenzen ziehen (nicht kaufen, kündigen, Alternativen suchen, ihre Rechte geltend machen)
- Sich über Alternativen informieren - es gibt nur vermeintliche Monopolisten; in aller Regel gibt es zumindest größtenteils bessere Alternativen zu schlechten Produkten.

Kurz: **Schlechte Produktqualität darf nicht hingenommen werden** – man muss aktiv nach Lösungen suchen, die besser funktionieren; notfalls den Einsatz von IT reduzieren oder Implementierung verschieben; niemand darf sich zu unausgereiften IT-Produkten drängen lassen – man kann auch mal den Einsatz erprobter Produkte verlängern, es ist möglich!

2. Geschäftsmodelle statt Lösungen

Unsere wichtigste Erfahrung mit der IT-Industrie ist wohl diejenige, dass wir in ihr eine zunehmend fragwürdige Entwicklung beobachten. Dieser Wirtschaftsbereich hat sich von seinen Ursprüngen mittlerweile so weit entfernt, dass man fragen muss, was das eigentlich soll. Dabei ist IT kein Selbstzweck – sie soll helfen, Aufgaben des echten Alltags zu bewältigen. Vereinfacht ausgedrückt ist es doch so, dass ein Computer niemals ein Brot für Menschen backen, kein Kleidungsstück nähen oder kein Haus bauen kann. Für das wahre Leben sind Datenverarbeitungstechnologien allenfalls ein Helfer. Wenn wir uns darauf zurückbesinnen, kann die Einschätzung der IT zurecht gerückt werden.

Das ist aber wohl nicht die Sicht der IT-Industrie. Software und IT unterliegen Geschäftsmodellen und dienen nicht der Problemlösung; die primäre Regel des Marketing, des Marktes, dass dasjenige Produkt gewinnt, **das dem Kunden den größten Nutzen bringt**, wird durch Verschleierungstaktik zur Gewinnoptimierung, Quasi-Monopole, Marktmacht und ähnliche Phänomene *ad absurdum* geführt und durch **schnellstmögliche Knebelung des Kunden** – also ***vendor lock in*** – ersetzt.

Wir sind der Meinung, dass jeder Kunde gegen solche Geschäftsgebaren Widerstand leisten sollte. Auch hier gilt: man sollte die Produkte, ihren Sinn hinterfragen und bei Zweifeln Alternativen suchen, bei denen die Problemlösung im Vordergrund steht, kein Geschäftsmodell (weiter unten sprechen wir eine Alternative auch an).

3. Intransparenz

Die Intransparenz verschleiert zusätzlich die vorhandenen Gefahren. Insbesondere Softwarehersteller wollen nicht, dass Kunden von der schlechten Qualität und Löchrigkeit der Produkte Kenntnis erlangen. Häufig werden gemeldete Sicherheitslücken unter Verschluss gehalten - unter dem Vorwand, dass dies Angreifer ermutigen würde oder unter Berufung auf Geschäftsgeheimnisse.
Dabei zeigt die Erfahrung, dass bei Softwareentwicklung sogar sehr hohe Transparenz möglich ist: mit Open-Source-Software (OSS) existieren durchaus Produkte, die in vielen Weltunternehmen längst in sicherheitsrelevanten Bereichen die Marktführerschaft übernommen haben – während dessen werden kleine Organisationen besonders in Thüringen nach wie vor durch Unwissen (so die Umfrageergebnisse) im Nebel von Lizenzen und schlechten Produkten festgehalten.
Dass dieses Problem noch weiter reicht, als nur die Frage der Datensicherheit, zeigt nicht zuletzt auch der politische Diskurs [11].

4. Fehlende Haftung

Wie die Umfragen zeigen, ist die Bereitschaft, bei Cyberangriffen mit Strafverfolgungsbehörden zusammenzuarbeiten, gering. Ein Blick auf einzelne Zwischenfälle (uns persönlich bekannt oder aus der Berichterstattung) zeigt, dass nicht nur die strafrechtliche Verfolgung von Schuldigen eines Cyberangriffs selten ist. Auch die Ursachenforschung bezogen auf die Frage, wer für die daraus resultierenden Schäden zumindest als Mitverursacher zivilrechtlich verantwortlich ist, ist selten bis gar nicht vorhanden. Offenbar denken die meisten Betroffenen, dass im Zivilrecht nur der Angreifer für einen Cyberangriff haftet. Da dieser nicht oder nur sehr schwer ermittelt und verfolgt werden kann, sieht man von entsprechenden Überlegungen ab.

Dies ist eine grundlegend falsche und insgesamt gegenüber Produkten der IT-Branche und dem Cyberspace fatale Einstellung: weder das Internet ist eine

rechtsfreie Zone noch sind IT-Produkte und Dienstleistungen unverbindliche Angebote, die auf eigene Gefahr eingesetzt werden (auch wenn z. B. Softwarehersteller in ihren "EULA"-s diesen Eindruck zu vermitteln versuchen). Denn sie verlangen für ihre "Leistungen" nicht nur Spielgeld, sondern richtige Bezahlung. Damit versprechen sie nicht nur, dass die Software, technische Lösung eine bestimmte Funktion hat, sondern dass ihre Benutzung auch keine negativen Folgen für den Kunden hat. Und die meisten Daten-GAU-s sind nicht nur auf den Angriff selbst sondern auf (vorwerfbare) Fehler oder Unterlassen des Dienstleisters bzw. Herstellers zurückzuführen. Und in diesem Fall ist auch der Hersteller oder Dienstleister genauso für die Folgen verantwortlich, wie der Angreifer selbst. Man spricht hier schlicht von der **kumulativen Kausalität** [12].
Manchmal geht es nicht einmal um einen Angreifer, sondern um einen reinen technischen / Softwarefehler – und auch da werden Fragen der Haftung selten ermittelt. Auf diesem Gebiet ist ein Umdenken erforderlich. Künftig, bei Einsatz von KI, umso dringender. Der Leichtsinn, mit dem IT-Produkte auf den Markt geworfen werden, ist teils erschreckend.

5. Open-Source vs. Closed-Source

An vielen Stellen dieses Leitfadens erwähnen wir das Phänomen oder die Produktkategorie "Open-Source Software" (OSS). Dieses Thema liegt uns in der Tat auf dem Herzen. Nicht etwa deswegen, weil es eine Antwort auf alles ist und kommerzielle Software allgemein schlecht wäre. OSS bietet schlicht in vielen Situationen eine passende, mitunter bessere Antwort. Sie bietet Transparenz, konzentriert sich nicht auf Geschäftsmodelle, sondern auf Problemlösung, und sie hat sich in vielen sicherheitsrelevanten Bereichen wirklich bewährt.

Dabei ist OSS in Thüringen offenbar wenig bekannt [13]. Das ist schade, denn sie ist nicht nur wegen der teilweise geringeren Kosten (Lizenzkosten können mit OSS oft durchaus gespart werden) eine echte Alternative. Sie ist in erster Linie wegen ihrer Qualität und der oben genannten Eigenschaften vorteilhaft. Strukturell verstehen viele Kunden nicht, dass Anbieter kommerzieller Software Interesse an zahlreichen Dingen haben, die für Kunden schädlich sind:

- dem Narrativ, dass bestimmte Softwarelösungen "alternativlos" seien; dies ermöglicht den Verkauf in jeder Form zu fördern, ohne dass jemand den Sinn dessen anzuzweifeln versucht,
- Angst der Nutzer vor einem Wechsel auf Alternativen
- Einbeziehung zahlreicher kleiner Anbieter in dieses Narrativ - und dies geschieht nun auf verschiedenen Wegen tatsächlich:
    - Wer die Lizenzen oder Abos vermittelt, profitiert von Provisionen oder in anderer Weise.
    - Da die Produkte - nachdem Kunden gefühlt keine andere Wahl haben - nicht mehr hinterfragt werden, kann deren Vertrieb ohne großen Aufwand vervielfältigt werden.

All diese Aspekte sind OSS-Projekten völlig fremd... OSS wird in Deutschland an einigen Stellen bereits erfolgreich eingesetzt – so zum Beispiel in Schleswig-Holstein. Selbstverständlich geschieht dies nicht immer ohne Probleme – wir müssen aber bedenken, dass diese Probleme unterschiedlichen, gut nachvollziehbaren Ursprung haben:

- Es ist grundsätzlich schwierig, Gewohnheiten der Nutzer zu überwinden – der Einsatz einer alternativen Software in der Verwaltung, die nicht vom allgemein bekannten Quasi-Monopolisten lässt die Mitarbeiter stöhnen, weil sie dadurch eventuell etwas neues lernen müssten...
- Wichtiger ist aber noch das Problem, dass für die gewöhnlichen, kommerziellen Anbieter viel Geld auf dem Spiel steht; deshalb werden keine Lobby-Maßnahmen unterlassen, die eine alternative Lösung schlecht erscheinen würden.

E. Schlusswort

Wir übergeben Ihnen diesen Leitfaden in der Hoffnung, dass er gegen Probleme mit der IT in Unternehmen und Verwaltungen hilft. Wir können mit ihm nicht jedes Anliegen adressieren und nicht jedes Problem lösen – dennoch sind wir überzeugt, dass wir darin Lösungen für zahlreiche Situationen liefern. Sollte unser Leitfaden im Einzelfall nicht ausreichen, stehen wir Ihnen gern zur Verfügung. Kontaktieren Sie uns. Der verantwortliche Verfasser dieses Leitfadens, Prof. Dr. iur. Wojciech Lisiewicz steht Ihnen an der Hochschule Schmalkalden gern zur Verfügung [14]. Der technische Partner des Projektes – die Firma erdaxo UG aus Schmalkalden kann aber auch kontaktiert werden, falls Sie einen Unternehmenspartner für die hier behandelten Themen suchen [15].

---

1) Aktuell unter https://hssm.hqedv.de/DSMassnahmen#section_1 zu finden.

2) Eine ausführlichere Darstellung der grundlegenden Managementprozesse des *security engineering* stellen wir Ihnen an dieser Stelle zur Verfügung: https://hssm.hqedv.de/DSManagementGrundlagen.

3) Wir haben die Digitalisierungsumfrage der IHK 2024 mitgestaltet und stellen sie an dieser Stelle etwas näher vor: https://hssm.hqedv.de/DatenSicherheitUmfrage2024#section_9.

4) BSI, Bericht zur Lage der IT-Sicherheit in Deutschland 2023, Seite 11.

5) Eine sehr kompakte, allgemeine Darstellung zum IT-Sicherheitsmanagement, finden Sie in unserer Wissensdatenbank – aktuell unter folgender URL:

https://hssm.hqedv.de/DSManagementGrundlagen.

6) Der *vendor-lock-in*-Effekt wird häufig bei Software diskutiert, weil Anbieter viel Aufwand betreiben, dem Kunden den Produktwechsel so schwer, wie nur möglich zu machen. Das sichert Marge und macht den Kunden vom Anbieter abhängig. Mehr dazu unter https://de.wikipedia.org/wiki/Lock-in-Effekt.

7) Mehr zu den im Projekt durchgeführten Umfragen in der bereits oben erwähnten Auswertung online unter https://hssm.hqedv.de/DatenSicherheitUmfrage2024.

8) Dieser Aspekt darf nicht unterschätzt werden, weil er in der EDV-Praxis für ein Großteil von IT-Ausfällen sorgt. Wir widmen ihm einen online-Artikel (vgl. folgende URL: https://hssm.hqedv.de/DstechnikUrsacheGAU), den wir regelmäßig aktualisieren.

9) Alle Details zu diesem Produkt sowie zu dessen kommerziellen Varianten, zur Community dahinter und zum Unternehmen, das es pflegt, finden Sie unter folgender URL: https://www.truenas.com.

10) Eine spannende und ebenfalls frei verfügbare Lösung auf Basis von Debian Linux entwickelt das österreichische Unternehmen Proxmox, Details unter der URL https://www.proxmox.com.

11) Vgl. hierzu beispielhaft eine zusammenfassende Darstellung zum Thema Open-Source-Software sowie dazu, wie die aktuelle Lage rund um diese in Deutschland ist unter folgender Adresse: https://heise.de/-10188035.

12) Dies gilt sowohl im Strafrecht (vgl. Roxin/Greco, Strafrecht Allgemeiner Teil I, § 10 Rn. 100 ff. - 5. Aufl. 2020) wie auch im Zivilrecht (Medicus/Lorenz, Schuldrecht I – Allgemeiner Teil, Rn. 318 ff. - 22. Aufl. 2021).

13) Vgl. unsere Auswertung unter https://hssm.hqedv.de/DatenSicherheitUmfrage2024.

14) Professor Lisiewicz können Sie über das Kontaktformular der Hochschule unter folgender Adresse anschreiben: https://www.hs-schmalkalden.de/personen/details/wojciech-lisiewicz.

15) Kontakt unter https://erdaxo.de.

Dr. iur. Wojciech Lisiewicz ist Professor für Wirtschaftsrecht an der Hochschule Schmalkalden, wo er seit 2009 Zivilrecht, Energierecht und zu Themen der Digitalisierung lehrt. Als Jurist ist er international ausgebildet und hat Berufserfahrung im In- und Ausland. Darüber hinaus verfügt er über ausgeprägte technische Kompetenz. Seine Expertise reicht von Servertechnologien auf UNIX-Basis über hochverfügbare Systeme bis hin zu Datenanalyse, Forensik und Programmierkenntnissen. In IT-Projekten führt er Recht und Technik zusammen. In den letzten Jahren konzentriert sich seine Arbeit zunehmend auf Fragen der **Datensicherheit** – sowohl im Hinblick auf die technischen wie auch rechtlichen Aspekte – sowie der **digitalen Souveränität**.

Mit diesem kleinen Leitfaden geben Professor Lisiewicz und sein Team Wissen, wie Datensicherheit verbessert werden kann, weiter: auf Praxiserfahrung basierend, verständlich auch für IT-Laien, mit konkreten, leicht umsetzbaren Vorschlägen.

Fragen oder Anregungen? Kontaktieren Sie uns! w.lisiewicz@hs-sm.de